[등장 동물 관계도]

자본
신사

자본가의 이론가
하이에나

자본가
여우

정치가
호랑이, 사자,
포악한 사자,
불내여

노동자의 이론가
띠쥐 부부, 비버

노동자
닭, 돼지, 양, 두더지, 쥐, 소,
피노키오, 재팻또

KB149439

생각하는 시민을 위한 정치우화

이매진 빌리지에서 생긴 일

이 책의 앞쪽 면지에 있는 그림을 먼저 구경하고
우화 속으로 들어가시면 훨씬 재미있습니다.

생각하는 시민을 위한 정치우화

이매진 빌리지에서 생긴 일

초판 1쇄 발행 2019년 1월 25일
초판 2쇄 발행 2019년 5월 25일

글쓴이 유범상
그린이 강미숙
펴낸이 류수노

펴낸곳 한국방송통신대학교출판문화원
        주소   서울특별시 종로구 이화장길 54(03088)
        대표전화 1644-1232
        팩스   (02)741-4570
        홈페이지 http://press.knou.ac.kr
        출판등록 1982.6.7. 제1-491호

출판위원장 백삼균
기획·편집   김정규
편집 디자인 ㈜퍼플커뮤니케이션

ⓒ 유범상(글) / 강미숙(그림), 2019
ISBN 978-89-20-03248-6 03340
책값은 뒤표지에 있습니다.

잘못 만들어진 책은 바꾸어 드립니다.

생각하는 시민을 위한 정치우화

이매진 빌리지에서 생긴 일

유범상 글 | 강미숙 그림

지식의날개

서문
지혜로운 판단

어떻게 더불어 살 것인가? 동물마을에 내려오는 전설에서 그 지혜를 얻을 수 있다. 사자와 쥐가 사는 '휴먼 커뮤니티'(Human Community)라 불리는 곳에서 벌어진 이야기이다.

마을은 평화로웠다. 모든 땅은 공동의 소유였고, 먹을 것이 부족하기는 했어도 서로서로 나누면서 살았다. 사자는 고양이나 여우로부터 쥐들을 보호했다. 쥐들은 친구인 다람쥐와 두더지와 함께 땅을 일구어 식량을 만들었다. 쥐들은 사자의 폭신폭신한 털 속에서 잠을 자고, 숨바꼭질도 했다.

그런데 어느 날 한 '포악한 사자'가 임금이 되었다. 그는 마을의 많은 땅에 울타리를 치더니 이제부터 그 땅이 자기 거라고 선언했다. 동물들은 불만이 있었지만 그의 위세에 눌려 겉으로는 아무 말도 못했다. 그러는 사이 그의 모든 말은 곧

지혜로운 판단

법이 되었다. 마을의 분위기는 삽시간에 바뀌었다. 나머지 사자들은 포악한 사자처럼 저마다 자기의 땅을 가지려 했다. 사자들은 쥐를 잡아먹지는 않았지만 점차 무시하고 놀이갯감으로 삼았다. 쥐들은 괴로웠다. 이제 쥐들은 사자만 나타나면 놀라 도망치기 시작했다. 사자들은 이것이 재미있어 더욱 쥐들을 괴롭혔다. 어느 날 쥐들이 결사대를 조직하여 항의방문을 했다.

"어라, 이놈들 보게!"

저항은 오히려 사자들의 심기를 건드렸다. 사자들은 쥐를 더 괴롭힐 방법을 고민했다. 이렇게 해서 만들어진 것이 '쥐불놀이'이다. 쥐불놀이는 쥐꼬리에 불을 붙이고 몸까지 불이 번지기 전에 물대야까지 뛰게 하는 놀이였다. 포악한 사자는 여기에 그치지 않고 '쥐고기'를 간식으로 개발하라고 명령했다. 쥐포는 이렇게 탄생했다.

쥐들은 두 가지 중 하나를 선택해야 했다. 스트레스로 죽거나 미지의 세계로 도망치거나! 살아남은 쥐들도 출산을 꺼리기 시작했다. 대부분의 쥐들은 무기력과 우울증에 시달렸고, 자살을 하는 쥐들도 심심찮게 나타났다. 마을에서 쥐가 급격히 줄어들었다. 쥐들이 사라지자 친구인 두더지와 다람쥐도 덩달아 자취를 감추었다. 마을은 황폐해졌다. 먹잇감이던 쥐와 그 친구들이 사라지자 고양이와 여우도 사라졌다. 사자들은 쥐가 없어지자 심심해졌고 고양이와 여우가 사라

지혜로운 판단

지자 굶주렸다. 그러는 중에 가뭄이 닥쳐 오래 지속되었고
사자들은 먹이를 찾기가 더욱 힘들게 되었다.

"아 심심해! 쥐포라도 있었으면!"

이제야 사자들은 쥐가 중요한 존재였다는 것을 깨달았다.
사자들은 쥐들을 그리워하며 후회했다.

"이 모든 것이 포악한 사자 때문이다!"

사자들은 포악한 사자를 비난했다. 포악한 사자는 결국
왕위를 내려놓고 도망가 버렸다. 여전히 식량난은 지속되었
다. 결국 사자들은 살아남기 위해 자기들끼리 싸우기 시작했
다. 사자들은 싸움에서 진 약한 사자를 식량으로 사용했다.
마을은 흉흉해졌다.
　　사자들의 개체수도 급격히 줄어들었다. 힘든 시절을 보내

고 있던 어느 날 단비가 내렸다. 가뭄이 끝난 것이다. 하지만 쥐가 없으니 그의 친구들은 물론이고 고양이와 여우도 돌아올 리 만무했다. 결국 사자들은 쥐들에게 다시 예전처럼 살자고 제안했다. 더 이상 노리갯감으로 삼지도 않을 것이며 쥐포도 먹지 않을 것이라고 약속했다.

하지만 쥐들은 사자들의 제안을 선뜻 받아들일 수가 없었다. 믿을 수가 없었기 때문이다. 사자들이 또 언제 포악한 사자로 돌변할지 알 수가 없었다. 쥐들은 이 문제들을 놓고 회의를 했다.

'인정에 이끌리지 말자.'
'확실한 보장을 받아야 한다.'

쥐 대표단은 사자들을 만나 긴 협상을 시작했고 드디어 협약을 체결했다.

지혜로운 판단

'땅은 모두의 것이다.'

'누구도 권력을 독점해서는 안 된다.'

'모든 결정은 합의에 따른다.'

일부 반발하는 사자들도 있었지만, 쥐 없는 세상이 얼마나 자신들에게 힘든지를 경험했던 터였다. 또한 사자들은 쥐들이 자신들을 위험할 때 구해 줄 수 있다는 사실도 알게 되었다. '오즈'라는 동네에서는 어떤 사자가 양귀비에 취해 쓰러졌는데 쥐들이 합심해서 사자를 구해주었다는 소식을 들었기 때문이다. 협약이 체결되자 마을에 쥐들이 다시 나타나기 시작했다. 이제 사자들은 더 이상 쥐포를 먹지 않았고, 쥐불놀이도 하지 않았다. 쥐들은 깨달음을 얻었다.

"우리는 마을에 필요한 존재이다. 힘을 합쳐 더 이상 우리의 권리를 잃지 말자."

자신의 권리를 자각한 쥐들은 권력을 가졌을 때 이 권리를 누릴 수 있다는 것을 안 것이다. 다시 마을에 평화가 시작되었다. 긴장이 없지는 않았지만 포악한 사자는 더 이상 나타나지 않았다. 쥐와 사자의 사회계약이 지켜졌기 때문이다. 공동체에는 토론과 활력이 흘러 넘쳤다.

사자와 쥐가 '포악한 사자'를 물리치고 함께 타협하면서 잘 살았다는 이 이야기는 동물들이 꿈꾸는 이상적인 공동체이다. 이 전설이 동물마을에서 실제로 실현될 수 있을까?

전설로 내려오는 동물들의 꿈이 역사 속에서 과연 어떻게 진행되었을까? 이제부터 그것을 알아보기 위한 여행을 떠나보자.

차례

제3부 상상 • 113

해설 • 161

제1부

현실

제1장

양의 비애

'울렌타운'(Woolen Town)이라는 이름의 마을이 있었다. 원래 이 마을은 양, 돼지, 닭이 사는 평화로운 곳이었다. 양은 온순했고, 돼지는 낙천적이었고, 닭은 부지런했기 때문에 마을은 활력과 여유와 넉넉함이 넘쳐났다. 이대로 지속되면 좋았으련만!

어느 날 사자가 어슬렁어슬렁 마을에 들어 왔다. 마을의 식구들은 긴장을 했지만, 한 주 동안 별일은 없었다. 사자가 별말 없이 마을을 돌아다녔기 때문이다. 그런데 한 주일 정도가 지나 마을 탐색을 끝낸 사자가 갑자기 사납게 돌변했다.

"이제부터 이 땅은 내 것이다!"

'대대로 내려오는 이 땅은 모두의 것이라고 배웠는데…' 마을식구들은 항의하고 싶었지만, 쩌렁쩌렁한 사자의 포효에 주눅이 들어 찍소리도 하지 못했다. 평화로운 마을은 삽시간에 공포의 도가니로 바뀌었다.

"내 땅에서 모두 나가!"

모두 불안에 떨며 짐을 부리나케 싸고 있을 때 사자가 말했다.

"단, 양은 빼고!"

동물들은 어리둥절해했다. 양만 남으라고? 공포가 밀려왔다. 사자가 양을 식량으로 쓰려는 모양이라고 생각했다.

제일 불안한 양이 조심스럽게 사자에게 말했다.

"저도 친구들을 따라 가고 싶어요!"

"안 돼!"

사자가 단호하게 말했다. 돼지와 닭은 양에게 미안해하면서도 사자가 마음이 변할까 봐 얼른 짐을 쌌다. 돼지와 닭은 사자가 아직 돼지고기와 닭갈비의 맛을 모르는 게 다행이라고 생각했다. 동물들이 모두 떠난 뒤 외로움과 두려움에 떨고 있는 양에게 사자가 말했다.

"이제부터 너는 모든 집과 마당을 사용하고 맘껏 뛰어
   놀아라!"
"뭐라고요? 진짜입니까?"

양은 의외라고 생각했다. 이뿐이 아니었다. 사자는 맹수들
로부터 양을 보호하기 위해 울타리를 쳐주었고, 심지어 보디
가드로 개까지 붙여 주었다. 양의 삶은 이전보다 훨씬 더 좋
아졌다. 드넓은 초원에 먹을 것이 풍부했기 때문이다. 살이
토실토실 오르고 식구들도 많이 불어났다. 그래도 양들만
살았기 때문에 공간이 넉넉했고 울타리와 개들이 보호해 주
었기 때문에 마냥 행복했다.

쫓겨나 힘들게 살고 있던 돼지와 닭이 이 소식을 못 들었

을 리 없었다. 그들은 이제 사자와 양이 공모해서 자신들을 쫓아 낸 것이 아닌가 하는 의심을 품었다.

"그래, 사자가 아니라 양이 우리를 잡아먹은 거야!"

울타리 안의 행복한 양을 보면서 마을의 옛 친구들은 양이 사자를 충동질해서 자신들을 쫓아냈다는 생각을 굳혀 갔다. 분노가 일었다. 이때부터 돼지는 양이 사는 쪽을 향해 '꿀꿀'이라고 울었는데, 이것은 '내가 지금 얼마나 꿀꿀한지 알아?'라는 뜻이었다. 닭은 아침마다 울타리 너머까지 소리가 들리도록 "꼬끼요!"라고 울었다. 이것은 사자에게 양의 고기를 먹으라는 원한 맺힌 울부짖음이었다. '꼬끼요'는 '고기요'라는 소리의 된발음이다.

양은 냉담하고 원한에 가득 찬 옛 친구들의 태도에 당황했지만 결백을 증명할 길이 없었다. 찜찜한 날이 지속되던 어느 날이었다. 사자가 이발사와 멋진 옷을 입은 신사를 데리고 나타났다.

"양아, 이리 와라. 네 털 좀 깎아야겠다."

양은 늘 하던 보통 이발로 생각을 했는데, 이발사는 양이 거의 맨살이 드러날 지경까지 털을 깎고 또 깎았다.

"추워요!"
"가만히 있어!"

양의 몸뚱이 곳곳에 피가 맺혔지만 사자는 아랑곳하지 않았다.

"잘 먹이고 재웠더니 털이 좋군. 이 정도의 털이면 높은 가격을 쳐주겠지!"

옆의 신사는 머리를 끄떡였다. 순간 양의 머리를 '번쩍' 스치고 지나치는 것이 있었다.

"아, 저 신사의 멋진 옷은 양의 털로 만들어진 것이구나!"

사자가 아니라 사자를 고용한 저 신사가 모든 불행의 원인임을 깨닫는 순간이었다.

23

제2장
이상한 침대

　'울렌마을'의 동쪽으로 조그마한 마을이 있었다. '베드타운' 이다. 이 마을에서 침대가 발명되었다고 해서 붙여진 이름이 다. 이 마을에는 묵묵히 열심히 일하면서 서로를 돕고 격려 하는 착한 소들이 살고 있었다. 소들은 고된 일이 끝난 뒤 들 판이나 산에서 자고, 마당에서 쉬는 데 아무런 문제가 없었 다. 마을의 지배자는 호랑이였지만, 소들이 열심히 일해서 원하는 생산물을 갖다 바치면 만족해했다. 사실 호랑이는 밤마다 놀고 먹고 즐기는 파티에 정신이 팔려 있었다.

　어느 날 호랑이는 자신이 지배하는 다른 영토에 사냥을

나갔다가 친구가 생겼다며 여우를 데리고 왔다. 여우가 온 지 얼마 지나지 않아 마을에 갑자기 바퀴벌레, 쥐, 뱀, 전갈, 개미 등이 나타났다. 소들은 이 벌레를 쫓기 위해 몸을 흔들고, 보이는 대로 죽였지만 계속해서 나타나자 밤에 잠을 이룰 수가 없었다. 평화롭던 마을의 분위기가 바뀌었다. 일부 소들은 마을을 떠나기도 했다.

이때 호랑이는 벌레가 접근하지 못할 근사한 발명품이 있다면서 소들에게 '침대'라는 새로운 물건을 보여주었다. 단을 높이 쌓고 그 위에 마른 풀이나 가죽을 깔아 놓는 가구였다. 이 물건은 여우가 호랑이에게 선물로 준 것이었다.

침대를 소유한 소들은 그 위에서 숙면을 취할 수 있었다. 소들은 자기 침대를 가지고 싶어했다. 이에 마을 이름도 아예 '베드타운'으로 지었다. 침대 때문에 잠을 잘 잘 수 있게 되자 생산량이 올라갔다. 조금 여유가 생기자 소들은 더 좋은 침대에 대해 관심을 갖게 되었다.

'호랑이와 여우는 어떤 침대에서 자고 있을까?'

소들은 지배자들의 침대가 궁금해졌다. 소들은 모든 네트워크를 동원하여 드디어 침대에 관해 알게 되었다. 호랑이와 여우의 침대는 소들의 것과 달랐다. 호랑이는 반듯한 사각 침대를 사용하고 있었다. 삐뚤삐뚤하고 모양이 제각각인 소들의 침대와는 차별화되었다. 더 큰 차이는 매트리스였다. 호랑이와 여우는 짚단이 아니라 화려한 비단을 사용하고 있었다.

"와, 그런 침대가 있다니!"

소들은 그 침대를 부러워하기도 했다. 너도 나도 멋진 침대를 갖고 싶어했다. 소들은 좋은 침대를 갖기 위해 더 열심히 일을 했다. 그러던 어느 날 호랑이가 폭탄 같은 선언을 했다.

"침대는 과학이다. 지금 너희들이 사용하고 있는 침대가 지저분하고 규격도 제각각이며 딱딱하기 때문에 건강에 해롭다. 이제 우리는 누구나 자신에게 맞는 침대를 가져야 한다."

맞춤형 침대정책이 공포되었다. 지배자가 제시한 맞춤형 침대는 '가'형과 '나'형이었다. '가'형은 짧고 넓었고, '나'형은 길고 폭이 좁았다. 침대는 이 두 가지 규격으로만 생산, 판매되었다.

"우리에게 침대 선택권을 달라!"

불편함을 참다못한 소들이 모여서 소리쳤지만 호랑이는 막무가내였다. 그는 두 유형의 침대 외엔 어떤 것도 허용하지 않았다.

자기 몸에 맞는 침대가 없으니 이전처럼 그냥 방바닥에서

자는 소들이 생겨났다. 그러자 호랑이는 「방금법」, 즉 「방바닥 취침 금지법」을 선포했다. 방바닥에서 몰래 자다가 들키면 형벌로 자기 키만한 구들장을 지고 한 달 동안 살아야 했다.

몇몇 소들이 저항했다. 그들은 규격 외의 침대에서 잠을 잤다. 하지만 곧 발각되어 처벌받았다. 어떤 소들은 잠을 자지 않기로 했다. 그러나 얼마 가지 못해 쓰러졌다. 소들은 아우성을 쳤지만 호랑이는 강경했다. 소들은 타협안을 제시했다.

"'다'형의 침대도 만들어 달라!"

호랑이는 이를 거부했다. '다'형까지 만들면 행정비용이 많이 들고 관리가 힘들다는 이유를 들었다. 소들은 어쩔 수 없이 '가'형과 '나'형에 몸을 맞춰야만 했다.

소들은 몸을 맞추기 위해 노력했다. 하지만 이 두 규격의 침대를 갖는 것은 하늘에서 별 따기가 되었다. 호랑이가 매해 침대의 규격을 새롭게 발표했기 때문이다. 해마다 달라지는 규격에 몸을 맞출 수 있는 이는 아무도 없었다.

"우리더러 죽으라는 것이냐?"

어떤 용감한 소들이 격렬하게 항의를 하자, 호랑이는 그들에게 몸에 맞는 침대를 제공해 주겠다고 하며 침대 가게로 오라고 했다. 규격 침대에 한 소를 눕혀 보니 침대보다 키가 컸다. 그 소는 다리가 잘렸다. 침대보다 키가 작은 한 동물은 키가 강제로 늘려지는 고통을 당했다.

이제 소들에게 침대는 더 이상 안전하게 쉬는 공간이 아니라, 공포의 대상이었다. 검열과 억압의 상징으로 인식되었다. 이렇게 호랑이는 맞춤형 침대정책으로 자신을 과시하고 소들을 통치할 수 있었다.

"적응만이 살길이다!"

소들은 그해에 제시될 침대의 규격을 미리 알아내려고 했다. 거기에 미리 몸을 맞추기 위해서. 그러나 몸을 완벽하게 맞추었다는 소를 들어 본 적은 없다. 호랑이가 또 이상한 침대를 개발했기 때문이다.

이 최신식 자동침대는 어느 누구도 몸을 맞추기 힘들었고, 또 누구나 몸을 맞출 수 있는 그런 이상한 침대였다. 자동적으로 길이가 조절되었기 때문이다. 그런데 이상하게도 조절장치는 소들이 몸을 맞추지 못하도록 작동되었다.

누군가 침대의 길이를 조정하고 있는 것이 틀림없었다. 침대는 과학이 아니었다. 호랑이의 의중을 잘 반영하는 통치기 구였다.

이제 침대에 몸을 맞추려는 노력이 얼마나 부질없는 짓인 지 깨달을 만도 했다. 하지만 소들은 무슨 생각으로 사는지 최신식 침대를 갖기를 여전히 열망했고 이를 위해 열심히 일 했다. 가게에는 침대를 사려는 소들로 북적거렸다. 원래 현명 했던 소들은 점점 생각하고 토론하는 능력을 잃어버리고 말 았다. 이제 그들은 순응과 희생의 아이콘이 되었다.

"꿀꿀, 꿀꿀!"
"꼬끼요!"

'베드타운'에 손님이 찾아왔다. 아니 정확히 말하면 찾아 온 것이 아니라 이끌려 온 것이다. '울렌타운'이라 불리는 마 을에서 온 돼지와 닭이었다. 이들이 양 울타리 앞에서 울부 짖는 것을 본 신사가 이들에게 '베드타운'에 가면 직업을 얻을 수 있다고 안내해 줘서 온 것이다.

닭과 돼지도 이 마을에 오자마자 침대에 몸을 맞추기 위해 노력하기 시작했다.

제2장 이상한 침대

제3장

어리석은 설렘

    호랑이가 여우를 잡았다. 여우는 혼비백산했지만 호랑이에게 잡혀가도 정신만 차리면 살 수 있다는 생각에 당당하게 말했다.

    "너, 내가 얼마나 무서운 줄 모르지?"

    삐쩍 마르고 덩치도 작은 여우가 호기를 부리자 호랑이가 어이없다는 듯 물었다.

"아니, 이놈이! 산중의 왕인 나를
보고도 두렵지 않아?"

여우는 심장이 벌렁거렸지만 겉으로
는 으스대며 물었다.

"하하, 넌 어디서 놀다 왔길래
날 아직 모르는 거냐? 난 무시
무시한 마법을 가지고 있어. 여
기 사는 동물은 다 알고 있는데
너만 모르는구나."

호랑이는 당황했지만, 그 말을 곧이곧대로 믿을 수는 없
었다.

'아무리 그래봤자 넌 여우일 뿐이야…'

호랑이가 별 반응이 없자, 여우가 다시 제안했다.

"내가 얼마나 무서운지 보여 줄 테니 따라와 봐."

그런데 실제로 놀라운 일이 벌어졌다. 거리에서 여우를 만나는 모든 동물들이 혼비백산하여 도망치는 것이 아닌가! 사실은 뒤에 따라오는 호랑이를 보고 도망친 것인데, 무식한 호랑이는 호가호위(狐假虎威)라는 말을 알 리가 없었다.

호랑이는 이런 무서운 여우를 놔두면 왕위를 노릴지 모르니 차라리 내 옆에 두고 감시하며 그 힘을 이용하는 것이 좋겠다고 생각했다.

"여우야. 몰라봐서 미안하구나. 앞으로 네게 중요한 임무를 줄 테니 내 친구가 되어 옆에 있어 줘."

여우는 마지못해 그 제안을 받아들이는 체하면서 산에서

가장 좋은 노른자위 땅을 달라고 요구했다. 기름진 땅을 하사받은 여우는 나날이 행복했다. 안정적으로 먹이를 구할 수 있었고 호랑이의 보호 아래 맹주 노릇을 할 수 있었다. 어느덧 자신의 가신도 생겼고 창고에 보물도 쌓여갔다.

그러나 여기에 만족할 여우가 아니었다. 쌓이는 부만큼 탐욕도 커져 갔다. 이제 자신의 땅이 좁아 보이기 시작했다.

'호랑이만 없다면…'

호랑이가 있는 한 여우는 좁은 땅에서 살 운명이라는 것을 알고 있었다. 다른 동물들이 두려워하는 것이 호랑이라는 것도 잘 알고 있었다. 여우의 머릿속은 복잡한 생각들로 가득 찼다.

영원히 2인자로 머물기는 싫었다. 그래서 여우는 호랑이를 죽여야겠다고 결심을 했다. 여우는 두더지를 불렀다.

"더지야. 맨날 땅 속에서 살기 힘들지? 너에게 내 마을의 시민권을 주고 싶은데 어떻게 생각하니?"

"정말요? 그렇게만 해 주신다면 여우님께 충성을 다하겠습니다."

두더지는 여우의 제안이 진심으로 고마웠다. 땅 속에서만 살아야 하는 신세가 한탄스러웠고, 자식과 손자들에게 지하방 운명을 물려줘야 하는 것이 미안하던 참이었다.

특히 다른 동물에게 놀림당하는 게 싫었다. 동물들은 '두더지'를 늘 '두더쥐'로 표기했고 '두더쥐 게임'을 만들어 매일 망치로 두더지 머리를 패는 연습을 하고 있었다. 거리에 나올 때마다 동물들에게서 살의가 느껴졌고, 실제 머리를 얻어맞을 수도 있을 것 같아 늘 공포에 떨었다.

이 모든 것이 지하에 살아서 그렇게 되었을 것이라고 생각했다. 이제 시민권이 생긴다면 적어도 '쥐' 소리는 쏙 들어갈 것이고, '두더쥐 게임'도 없애거나 그렇지 않다면 '두더지 게

임'으로 명칭을 바꿀 수 있으리라 기대했다. 여우가 희망에 부푼 두더지에게 말했다.

> "단 조건이 있다. 할 수 있는 한 깊고 큰 웅덩이를 파다 오. 한 번 빠지면 누구도 절대 나올 수 없는! 그런데 쥐 도 새도 모르게 해야 한다."
> "암요. 아주 쉬운 일입니다."

그날부터 두더지는 일가족을 총동원하여 신나게 깊은 웅덩이를 아래로 아래로 파내려 갔다. 물론 아무도 모르게 은밀히. 깊은 웅덩이가 완성되었음을 알리자 여우는 매우 만족했다.

며칠 뒤 여우는 호랑이를 초대하여 연회를 베풀었다. 그날의 하이라이트인 「호랑나비」 노래로 흥을 돋으면서 호랑이를 덩실덩실 춤추게 만들며 함정으로 유인했다. 호랑이는 두더지가 파놓은 웅덩이에 빠졌고, 분통을 터뜨리다 굶어 죽었다.

호랑이가 죽자 두더지는 한걸음에 달려가 여우에게 보고
했다.

"왕이 죽었다!"

여우는 뛸 듯이 기뻐하며 마을의 이름도 새로 지었다. '이
매진 빌리지'(Imagine Village) !

여우가 말했다.

"이제부터 내가 왕이다. 신분 고하를 막론하고 누구든
지 기회를 평등하게 보장하겠다."

호랑이가 죽자 누구보다 좋아했던 것은 두더지였다. 그런데 이것이 웬일인가! 두더지는 시민권을 당장 받을 줄 알았는데, 웬일인지 여우는 기다리라고만 했다. 며칠 뒤 여우가 두

더지를 찾아 왔다.

"그런데 더지야, 호랑이가 죽고 나서 법이 바뀌었어. 이
제 내 마음대로 하지 못하게 되었어. 시민의 조건은 재
산이다. 석탄과 다이아몬드를 가져오면 시민이 될 수
있게 해볼게."

두더지는 실망했고 찜찜했지만, 법이 바뀌었다는데 어쩔
수 없었다. 두더지는 이전보다 더 근면하게 더 깊이 더 넓게
굴을 팠다. 광석이 나오는 대로 여우에게 갖다 바쳤다. 그러
나 여우는 가격이 떨어졌다느니, 품질이 좋지 않다느니, 양
이 부족하다느니 하면서 시민권을 주지 않았다.

하지만 두더지는 오늘도 일한다. 언젠가는 시민이 될 수
있다는 꿈을 부여잡고서….

제4장
슬픈 행복

'피노키오랜드'라 불리는 빈민촌에 아주 가난한 노인이 한 명 살고 있었다. 이름은 재팻또. 이 노인이 때리는 것을 자주 해서 사람들은 '쟤 또 (사람을) 팼대'라는 의미로 놀릴 겸해서 노인을 '재팻또'라고 불렀다. 부인과 자식들은 떠난 지 오래였고, 그는 이웃과 걸핏하면 싸우면서 늘 술에 취해 살았다.

삶이 점점 더 힘들어지던 어느 날, 그는 대단한 결심을 한다.

'이렇게 살 수만은 없지!'

그리고는 나무인형을 만들어 거리공연으로 돈을 벌기로 했다. 인형의 이름은 '피노키오'였다.

피노키오는 그 동네에서 가장 모범적인 집의 아이 이름이었다. 피노키오 집안은 매우 가난하여 기초생활 수급권자였지만, 자식들이 부모를 잘 봉양하고 있었다. 재팻또는 피노키오 집안처럼 나무인형이 돈을 많이 벌어 줄 것이라 기대하면서 피노키오라는 이름을 붙였다.

피노키오에게 공연을 가르쳐 돈을 벌게 하려면 우선 기술학교를 보내야 했다. 하지만 피노키오는 학교엔 가지 않고 친구들과 어울려 다녔다. 재팻또가 어르기도 하고 두들겨 패기도 했지만 소용이 없었다. 그러던 어느 날 피노키오가 편지 한 장을 써 놓고 사라졌다.

'전 기술도 일도 배우고 싶지 않아요. 전 이제 겨우 여덟 살이고 일하는 것이 싫거든요.'

가출을 한 것이다. 재팻또는 화가 머리 끝까지 치밀었지만
기다릴 수밖에 없었다. 그러나 집 떠나면 고생이다. 정처 없
이 떠돌다 굶주림에 지쳐 골목에 앉아있던 피노키오. 그에게
어느 날 요정이 찾아왔다.

"너, 그 피노키오 맞지? 사람이 되고 싶지 않니? 거짓말
을 하지 않고, 부모를 봉양하고, 근면 성실하게 생활하
면 사람이 될 수 있단다. 그러려면 우선 학교에 가서 기
술을 열심히 배워야 해! 놀면서 공짜를 바라는 것은 가
난뱅이나 하는 짓이야."

피노키오는 이쁜 요정을 보고 반해 버렸다. 요정이 하는
말이라면 뭐든지 믿고 싶었고, 그녀에게 인정도 받고 싶었다.
피노키오는 마침내 집으로 돌아왔다.

하지만 제 버릇 남 주랴! 며칠도 지나지 않아 또 가출을
하고, 잡아오면 납치되었다는 둥 심지어 거짓말도 밥 먹듯 했
다. 화가 난 요정은 피노키오에게 거짓말을 할 때마다 코가
길어지는 마법을 걸었다.

어른들은 거짓말을 해도 알 수가 없었지만 피노키오만큼
은 거짓말을 할 수가 없었다. 거기에다 요정은 피노키오가 친
구들을 만나자 그가 잘 어울리는 친한 친구들을 당나귀로

만들어 팔아버렸고 이 중에서 '램프 심지'라는 친구는 먹을 것을 주지 않고 고된 일을 시키다 죽이기까지 했다.

요정이 말했다.

"게으름은 아주 고약한 병이라서 어릴 때 고치지 않으면 평생 못 고친단다. 사람은 일을 해야 해. 일하지 않는 자는 먹지도 말아야 하고. 실제 그런 사람들은 대부분 감옥이나 골방에서 쓸쓸히 죽었어!"

"공부도 하고 일도 할게요. 사람이 되는 일이라면 뭐든지 하겠어요. 진짜 어린이가 될 수 있게 해 주세요."

겁에 질린 피노키오는 어쩔 수 없이 기술학교를 다니기로 마음을 먹었다. 새벽과 저녁으로는 아르바이트도 열심히 했다. 처음엔 우물물 퍼올리기였다. 100 양동이를 끌어올리려면 머리부터 발끝까지 온몸이 땀으로 흠뻑 젖었다. 피노키오는 그 대가로 받은 우유 한 컵을 재팻또에게 갖다 주었다.

굴뚝청소 아르바이트도 했다. 일을 마치고 컴컴한 곳에서 나오면 숯검댕이가 되어 있었다. 이 돈을 재팻또에게 갖다 바쳤다. 하지만 재팻또는 이것에 만족하지 못했다. 피노키오는 결국 탄광 일도 나갔다. 탄광업자는 아이들이 채탄하는 것을 좋아했다. 좁은 틈으로 잘 기어다닐 수 있고 돈을 적게 주어도 되었기 때문이다. 재팻또는 여전히 만족하지 못했지만, 드디어 피노키오는 수련과정을 인정받아 사람이 될 수 있었다.

"진짜 어린이가 되었다! 와, 신난다! 제가 사람이 되었어요!"

피노키오는 이렇게 외치면서도 왠지 찜찜하고 우울했다. 피노키오는 다시 광산에 취직해서 더 열심히 일했다. 하지만 임금은 늘 50%만 지급되었다.

왜 그랬을까? 나머지 반은 흥신소로 송금되었기 때문이

다. 피노키오가 가출했을 때 재팻또는 불법으로 운영되는 '행복심부름센터'라는 이름의 흥신소에 연락을 했었다. 그리고 다음과 같이 계약을 맺었었다.

'피노키오를 찾아 사람으로 만들어 달라. 사람이 된 피노키오가 일을 하게 된다면 5년 동안 임금의 50%를 수수료로 지불하겠다.'

흥신소는 어떤 신사가 운영하는데, 이 신사는 문제아만 전문으로 다루는 예쁜 마녀를 고용하고 있었다. 피노키오가 만난 요정은 알고 보니 흥신소에서 직원으로 일하는 마녀였던 것이다.

그렇다면 흥신소 사장은 누구일까?

제5장
두더지의 단결

'이매진 빌리지'에서 사는 두더지는 열심히 노력했다. 생산성이 높아졌지만 두더지의 삶은 더욱 더 힘들어졌다. 호랑이를 죽이고 왕이 된 여우가 더 많이 가져갔기 때문이다.

몇몇 두더지들이 저항했지만, 그때마다 날라온 것은 해고통지서였다. 광산은 겉으로는 평온해 보였다. 하지만 폭풍전야의 고요였다. 두더지들의 분노가 점점 커지고 있었다. 눈치 빠른 여우가 이것을 모를 리 없었다.

두려움을 느낀 여우는 고민 끝에 신사를 찾아가 상담을 신청했다. 여우의 말을 다 듣고 난 신사는 빙그레 웃더니 여우를 창고로 데려갔다.

"이것을 가져가게! 아주 요긴하게 쓰일 걸세!"

며칠 후 여우가 득의만면한 얼굴로 두더지들이 일하는 공장에 나타났다.

"너희와 함께 일할 새로운 친구를 소개하마."

여우가 끙끙거리며 가져온 것은 커다란 기계였다. 이 채굴 기계는 밤낮 없이 쉬지 않고 일했다. 불평도 없었다. 이제 두더지는 그 기계의 리듬에 맞춰 일을 해야 했다. 두더지의 일은 더 고되어졌다. 조금이라도 쉴라치면 기계는 '쉭쉭' 뱀 같은 소리를 내며 두더지를 위협했다. 동작이 느린 늙은 두더지들은 잡혀 먹히기도 했다. 두더지들은 더 이상 참을 수 없었다. 몇 날 며칠 밤마다 모여 회의를 거듭했다.

"우리가 힘들어진 것은 모두 기계 때문이다!"

원인이 밝혀졌으니 결론도 분명했다.

"기계를 때려 부수자!"

기계가 없어진다면, 예전으로 돌아갈 수 있을 것 같았다. 두더지들은 투쟁을 시작했다. 행동 조를 짰다. 고춧가루를 뿌리는 조, 망치로 뒤통수를 때리는 조, 윤활유 대신 물을 주입하는 조⋯. 일사 분란하게 움직였다.

그런데 정작 당황한 것은 기계가 아니라 여우였다. 여우가 외쳤다.

"폭도들이 나타났다!"

정부도 거들었다. 현상수배 전단을 붙이고 투쟁을 주동한 두더지를 찾아나섰다.

이번에는 두더지 쪽이 당황했다. 두더지는 여우의 행동은 이해가 되지만 정부가 여우 편을 드는 이유를 알 수가 없었다.

두더지가 그 이유를 깨닫는 데는 그리 오래 걸리지 않았다. 선거를 통해 뽑힌 정부는 실상 여우의 정부였다. 투표권은 재산을 가진 자만 행사할 수 있었다. 여우는 선거일에 '차'나 '티'를 마시면서 투표를 했지만 두더지는 일만 했다.

"우리도 '차'나 '티'를 좀 마시면서 투표할 수 있도록 해

달라!"

두더지들이 다시 광장에 모여들었다. 일명 '차티좀' 운동이 시작되었다. 두더지들은 스스로 대견스러워했다. 무척 똑똑해진 것 같았다. 광장에 모이는 두더지들이 늘어나기 시작

했다.

이번엔 여우와 정부가 당황했다. 이런 모습을 보고 고무된 두더지들은 요구사항을 추가했다. 뭔가 가능성이 있다고 본 것이다.

　　"청소년 여우는 학교를 가는데 어린 두더지는 왜 밤낮으
　　　로 땅을 파야 하는가?"
　　"어린 두더지를 보호하라!"

태어난 지 3개월밖에 안 된 어린 두더지조차도 눈을 뜨기도 전에 일에 투입돼 굴을 파야 했다. 법적으로 아무 문제가 없었다. 두더지들은 한 걸음 더 나아갔다.

　　"노동시간 산정기준도 바꿔라!"

현재 여우가 정한 기준은 두더지가 막장에서 땅을 파기

시작하는 시점부터 노동시
간으로 인정했다. 두더지
는 갱도 입구에 들어설 때
부터 노동시간으로 인정해
야 한다고 주장했다.

　마침내 두더지들은 모
든 요구사항을 관철시켰다.
실로 많은 것을 얻어냈다.
두더지들은 이 역사적 사
건들을 '차티즘 운동'과 '공
장법 운동'이라고 이름 붙
여 역사책에 수록하였다.

　이제 두더지들은 선거도 하고 공장에서 대표도 뽑을 수도
있게 되었다. 두더지들은 두근거리는 마음으로 선거일을 기
다렸다.

　그러나 불행하게도 여우 정부가 다시 들어섰다. 달라진 것

이 있긴 했다. 정부는 좀 더 세련되었고, 좀 더 두더지에게 잘하는 척했다. 또 작업장에서 어린 두더지들도 사라졌다. 어린 두더지 노동 금지를 법제화했기 때문이다. 하지만 그뿐이었다.

제6장
신사의 간교함

"넌, 피도 눈물도 없는 여우야!"

두더지가 선거권과 공장법을 얻어내자 갑자기 신사가 나타나 여우를 비난했다. 신사는 멋진 옷을 차려입고 귀부인까지 대동하고 있었다. 그는 힘들게 살고 있는 두더지들에게 도움을 주겠다고 말했다. 그는 이미 이웃마을의 불쌍한 돼지와 닭에게 도움을 주고 있다고도 말했다. 실제 귀부인이 들고 있는 바구니엔 빵과 우유가 가득했다.

약간 혼란스럽긴 했지만 두더지들은 고마운 건 고마운 것이라고 생각했다. 신사는 힘겹게 살고 있는 두더지를 진심으로 동정하는 듯이 보였다.

　어느덧 생활이 힘들어질 때마다 두더지들은 신사와 귀부인을 기다리게 되었고 신사와 귀부인은 계속해서 바구니 가득 빵을 가져와 조건 없이 나눠주었다.

두더지는 이들을 '프렌들리 비지터'(friendly visitor)로 불렀다. 더 이상 신사의 모습에서 '비즈니스 프렌들리'(business friendly) 의 모습을 찾아보기 힘들었다. 그런데 희한한 것은 신사의 도움에도 불구하고 빈곤층 두더지들의 삶은 여전히 나아지지 않았다는 점이다. 아니 오히려 더 힘들어지고 더 의존적으로 바뀌고 있었다.

어느 날 신사가 작심한 듯이 두더지들에게 말했다.

"너희들은 이래서 가난한 거야. 의존성만 늘었잖아. 땅속에 사는 이유가 다 있는 거야!"

신사가 두더지들을 경멸했지만 두더지는 어쩔 수가 없었다. 당장 빵을 얻어야 했고 어떻게 생각해 보면 신사의 말이 맞는 것 같기도 했기 때문이다.

마을의 분위기 조성에 성공하자 신사는 새로운 법을 입안했다. 가난한 두더지들 구제하는 내용의 '두빈법'이었다. 이 법은 원조 받는 두더지는 열등한 동물로 다룬다는 내용이다.

열등동물은 기본권을 제한한다는 일명 '열등처우의 원칙'이 핵심이었다. 신사는 두더지들이 부지런히 일해서 부자가 될 수 있게 하는 법이라고 홍보하면서, 기준을 매우 엄격하게 적용했다.

사실 이 신사는 '울렌마을'에서 사자를 고용해서 양털을 취하고, 닭과 돼지를 '베드타운'으로 데려가 일을 시킨 장본인이었다. 그런 그가 왜 갑자기 자선사업가가 되었을까?

신사는 일관되게 '비즈니스 프렌들리'였던 것이다. 그의 사업은 번창했다. 돼지, 양, 닭, 두더지 모두 말도 잘 들었다. 여우와 사자도 이들을 잘 관리하고 있었다.

어느 날, 신사는 사자와 여우가 점점 자기 명령을 듣지 않고 작당 모의를 하고 있다는 첩보를 입수했다. 특히 신사가 피도 눈물도 없는 사악한 존재라는 소문을 퍼트린다는 사실도 듣게 되었다. 또한 기계를 부수는 등 가끔 폭도들이 나타나는 것을 알기도 했다.

'이매진 빌리지' 숲속을 거닐며 신사는 사업전략을 구상했다. 평판을 잃지 않으면서도 두더지들을 기계에 묶어 두는 방법은 없을까? 그의 머릿속에 두 글자가 떠올랐다.

자. 선.

불쌍한 사람을 도와준다는 의미의 '자선'을 신사는 '자기선방'으로 이해했다. 자선을 위해 쓰는 돈은 세금 감면 혜택을 받았다. 자선을 하면서 프렌들리 비지터라는 소리도 들었다.

두더지들에게 베푼 빵 자선으로 신사에 대한 이미지가 좋아지기 시작했다. 신사에 대한 신뢰도가 높아지자 두더지들끼리 분열되기도 했다. 자선을 베풀어서 얻은 가장 큰 소득은 두더지를 자선에만 의존하는 족속이라고 비난할 수 있게 되었다는 것이다.

제1부 현실

신사의 얼굴에는 웃음이 떠나질 않았다. 신사에게 다이아몬드와 금, 석탄을 캐다 바치는 두더지들을 꽁꽁 묶어 놓을 수 있게 되었기 때문이다. 실로 신사는 손해 볼 것이 없었다. 자선으로 세금 감면을 받았으니 왼쪽 주머니 돈을 오른쪽 주머니로 옮긴 것이나 마찬가지였다. 그의 자선은 '악어의 눈물'이었다.

제2부
타협

제7장

띠쥐 부부의 담대한 제안

양, 두더지, 돼지, 닭, 소 등 마을의 모든 동물들은 갈수록 살기가 힘들어졌다. 세월이 흘러 2세대, 3세대로 이어졌지만 삶은 비슷했다.

양은 계속 털을 깎이고 있었고, 돼지·닭·소는 여전히 이상한 침대에 몸을 맞추려 안간힘을 쓰고 있었다. 두더지는 금이나 석탄을 캐기 위해 땅 속으로 더 깊이 내려가고 있었고, 은퇴한 할아버지 세대는 진폐증을 앓거나 폐지를 주으면서 골골거리고 있었다.

'이매진 빌리지'에 사는 두더지들이 어느 날 대책 회의를 개최했다.

　"이러다간 모두 노예처럼 살다가 비참하게 죽게 될
　거야!"

　우울한 분위기 속에서 회의는 계속되었지만, 이렇다 할
아이디어가 나오질 않았다. 한동안 침묵이 흘렀을 때 누군가
소리쳤다.

　"서쪽 숲속에 '마우스랜드'에서 쫓겨난 쥐 부부가 살고
　있다는데 그들에게 물어보자."
　"머리에 띠를 둘렀는데 무척 현명하다는 소문이 있어."
　"그래, 띠쥐 부부를 찾아가 보자."

　여기저기서 웅성거렸다. 쥐라고 하니 별 기대는 하지 않는
분위기였다. 하지만 뾰족한 대안이 없었던 터라 마을 총회에

서 대표단을 선발해서 파견하기로 했다.

두더지 대표단이 서쪽 숲으로 난 길을 따라 한참을 들어가니 아담한 집 한 채가 있었다. 사립문 너머로 마당에 원탁이 있었고, 원탁 위엔 원고지가 수북했으며, 쥐 두 마리가 뭔가 열심히 토론하고 있었다.

"아, 저들인가 봐!"

제7장 띠쥐 부부의 담대한 제안

누군가 외쳤다. 진짜 머리에 띠를 두르고 있었다. 몸집은 작았지만 눈빛이 범상치 않아 보였다. 두더지 대표단과 띠쥐 부부는 간단히 인사를 한 후 바로 토론에 들어갔다.

"왜 우리는 열심히 일하는데도 계속 가난할까요?"

대표단장 두더지가 조심스럽게 말을 꺼내자 남편 띠쥐가 물었다.

"생산량이 줄었나요?"
"아니오. 오히려 늘었어요. 최소한 할아버지 세대보다 100배는 늘었을 거예요."

눈을 동그랗게 뜨고 반문하는 두더지에게 남편 띠쥐가 다시 물었다.

"그럼 그 많은 돈은 어디로 갔을까요?"

아무도 대답하지 않았지만 두더지들은 다 알고 있었다.

"여우는 건물 등 부동산이 늘었어요. 몸에 보석을 잔뜩 두르고 다니고요. 하루가 멀다 하고 해외여행을 하고 있어요."

뒤쪽에 앉아 있던 두더지가 볼멘 목소리로 여우를 욕했다.

"하지만 여우는 공장을 짓고 기계에 투자했잖아."

다른 두더지가 볼멘 목소리의 두더지에게 핀잔을 주었다.

"여러분은 아무 것도 안 하고 가만히 있었나요?"

남편 띠쥐의 질문에 두더지들은 대답을 하지 못했다. 두더지들은 그동안 죽도록 일만 했다. 태어나자마자 새벽별을 보고 광산에 가서 달을 보며 집으로 돌아왔다.

이번에는 부인 띠쥐가 나섰다.

"여러분, 아이를 키우는 데 한 마을이 필요하지 않나요?"

처음엔 의아해했지만 두더지들은 곧 이해할 수 있었다. 아이들은 이웃이 돌봐 주어야 하고, 정부가 학교를 지어야 하며, 선생님이 아이를 가르쳐야 한다. 부인 띠쥐가 물었다.

76

"부자는 어떻게 될까요? 공장을 짓고 기계를 사기만 하
면 되나요?"

"아니오. 일하는 우리 같은 두더지가 있어야 해요."

두더쥐의 말에 부인 띠쥐가 맞장구쳤다.

"맞아요. 한 명의 부자가 만들어지려면 하나의 사회가
필요해요."

"왜요?"

고개를 갸웃거리며 묻는 두더지에게 남편 띠쥐가 말했다.

"여러분처럼 일할 사람이 있어야 하고, 정부의 기업지원
정책이 있어야 하며, 도로와 철도 등 사회적 인프라가
있어야 해요. 누구도 혼자서는 부자가 될 수 없어요."

듣고 보니 그랬다. 일할 사람이 없는 공장이 가능할까? 노동자는 소중한 존재였던 것이다. 그런데 왜 노동자는 늘 천대받고 굽실거려야 하고 가난할까? 왜 여우는 자기가 잘났다고 하면서 사회에 감사하지 않을까? 두더지 대표단의 마음속엔 이런 의문들과 함께 뭔가 꿈틀거림이 일기 시작했다. 이런 분위기를 눈치 챘는지 띠쥐 부부는 상기된 얼굴로 이야기를 이어갔다.

"최저임금제를 실시하고, 8시간 노동도 쟁취해야 해요!"
"미래의 노동자인 아이들은 정부가 양육해야 해요. 의료도 정부가 제공해야 해요. 시민은 치료받을 권리가 있어요. 누구나 인간다운 삶을 살 수 있는 내셔널 미니멈(national minimum), 다시 말해서 국민 기본선을 주장해야 합니다."

띠쥐 부부의 말을 들으면서 두더지들은 입이 떡 벌어질 수밖에 없었다. 꿈 같은 일이었다. 양육과 의료의 책임이 정부에게 있다니! 이런 이야기는 들어본 적이 없었다.

"그런 얘기를 하는 순간 여우는 경찰을 보내고, 정부는 당장 군대를 보낼 거예요."

우울한 표정으로 한 두더지가 말했다.

"그래서 단결해야 합니다. 협상도 단체협상을 해야 해요."

부인 띠쥐는 한 술 더 떴다.

"다른 마을에 당신들 처지와 비슷한 동물들이 살고 있어요. 그들도 얼마 전에 우리를 찾아왔었어요. 함께 연대하면 큰 힘이 될 겁니다."

두더지들은 처음에는 불가능하다고 생각했지만 토론을 거듭할수록 자신감이 생기기 시작했다. 고맙다고 인사를 하고 두더지 대표단이 일어서자, 띠쥐 부부가 자신들의 생각을 적어 놓은 것이라며 책자를 한 권 주었다. 제목은 「소수파 보고서」라고 적혀 있었다.

　한 달 뒤 이매진 빌리지, 베드타운, 올렌타운 등 각 마을의 대표단들이 은밀히 서쪽 숲에 모였다. 이 자리에서 '상상상협회'를 창립하고 두빈법 폐지와 내셔널 미니멈 제정을 포함한 강령을 만들기로 결의했다. 회의 자리에 이런 현수막이 걸렸다.

이상이 일상이 되도록 상상하라!

－ 상상상협회 발대식 －

제8장
비버의 설계도면

이매진 빌리지에 사는 여우는 두통에 시달렸다. 서쪽 숲에서 모락모락 피어나는 혁명 모의를 눈치 챘기 때문이다. 신사에게 컨설팅을 받는 등 해결책을 찾기 위해 분주히 움직였지만 뾰족한 방법이 떠오르질 않았다.

그러던 어느 날이었다. 두더지들이 광산 가동을 멈추었다. 광산 입구엔 '상상상협회'의 깃발이 휘날리고 있었다.

우리는 기계가 아니다!

일하지 않는 자, 먹지도 마라!

우리는 시민이다. 동물다운 삶을 살 권리를 보장하라!

「소수파 보고서」의 주장을 담은 대자보가 나붙었다. 멀리서 양, 돼지, 닭들이 무리를 지어 응원하고 있었다. 띠쥐 부부도 흐뭇한 표정으로 이 속에 섞여 있었다.

이 광경을 목격한 여우는 직감적으로 만만치 않을 여정이 될 것이라고 생각했다. 경찰에 연락을 취해 놓고 일단 협상 테이블에 나갔다. 긴장이 감돌았다.

여우와 두더지 대표단이 협상을 시작하려는 순간 웅성거림이 일었다. 이웃마을에서 응원하러 왔던 양과 돼지, 닭이 혼비백산했다. 호랑이와 사자가 동쪽 숲에서 모습을 드러냈기 때문이다.

"여우, 두더지, 이놈들! 우리 할아버지를 구덩이에 빠뜨려 돌아가시게 한 원수들! 반드시 복수하고 말테다!"

호랑이의 포효가 동쪽 숲을 쩌렁쩌렁 울렸다. 마우스랜드에서 쫓겨난 '포악한 사자'도 옆에서 거들었다.

"시키는 대로 하지 않으면 모두 죽여 버릴 테다!"

전혀 예상치 못한 맹수들의 공격에 직면한 여우와 동물들은 두려움에 휩싸였다.

약삭빠른 여우가 두더지 대표단에게 재빠르게 제안을 했다.

"저들이 나보다 몇 백배 무서운 거 잘 알지? 우리끼리는 싸우지 말자."

여우와 두더지 사이에 일단 휴전이 성립되었다. 두더지는 땅을 더 깊이 파서 함정을 만들었다. 돼지와 양은 벽돌을 쌓아 참호를 만들었다. 이때 닭은 지붕에 올라가서 '꼬기요'라

고 울었는데, 이것은 '고기요'라는 뜻이 아니라, 벽돌을 '고기'
에 두라는 암호였다. 여우는 공사비용을 댔다.

　헌신적인 상상상협회 회원들을 중심으로 하는 연합군의
강력한 저항에 부딪힌 호랑이와 포악한 사자는 당황하지 않
을 수 없었다. 두더지의 함정이 어디에 있을지 몰라 호랑이와
사자는 함부로 덤벼들지
못했다.

　대치상태가 길어지자
호랑이와 사자는 고기를
구하지 못해 점점 지쳐갔
다. 전세는 점점 동물 연
합군이 유리한 쪽으로
기울고 있었다. 그러던
어느 날 두더지가 말했다.

　　"여우는 또 우리를

이용해 먹을 거야!"

전쟁이 끝나면 백발백중 여우가 배신할 것이라고 두더지는 예상했다.

한편, 여우는 예전 같은 지배력을 전쟁 후 어떻게 회복할 것인가 골몰하고 있었다. 하지만 아무리 계산을 해 봐도 상대가 호락호락해 보이지는 않았다.

'가능할까? 예전에는 두 더지들만 상대하면 되었 지만 이젠 다른 동물들이 함께 하고 있잖아. 특히 상상상협회와 띠쥐 부부 도 있지 않은가! 어쩔 수

없지만 타협하는 수밖에 없어. 그렇지 않으면 혁명이
일어날 거야.'

여우의 생각이 여기에 다다를 즈음 동물들이 제안해 왔다.

"전후에 우리가 어떻게 살지에 대한 밑그림을 띠쥐 부부
에게 맡깁시다."

여우는 마지못해 동의했다. 동물연합군 대표는 띠쥐 부부
에게 전후 계획을 짜달라고 부탁했다. 그러자 띠쥐 부부는
자기의 제자 하나를 소개시켜 주었다.

"그에게 답이 있을 겁니다."

비버였다. 그는 띠쥐 부부에게 잘 배웠기 때문에 이론으
로 싸우는 데는 자신이 있었다. 또한 이 날을 대비해 댐을 만

제8장 비버의 설계도면

드는 연습을 해 왔기에 실전에도 강했다. 비버는 흔쾌히 수락했다. 그는 연구에 연구를 거듭한 끝에 훗날 역사적으로 유명해진 보고서를 내놓았다.

「비버리지 보고서」

새로운 사회구조를 설계한 문서는 이렇게 탄생했다. 드디어 굶주림과 피로에 지친 호랑이와 포악한 사자가 동쪽 숲에서 사라졌다. 마을에 평화가 찾아왔다.

여우는 「비버리지 보고서」가 선뜻 내키지는 않았다. 그래서 투표에 붙이자고 했다. 여우는 신사를 대동하고 다니면서 「비버리지 보고서」가 동물들을 의존적이고 게으르게 만들 것이라고 비난했다. 그러나 투표 결과는 압도적으로 「비버리지 보고서」에 찬성하는 것으로 나왔다.

왜 그랬을까? 사실 전쟁 중에 동물들이 더 건강해졌다. 특히 아이들의 발육이 좋아졌다. 아이들은 전쟁 전에 한 번도 규칙적인 식사를 해본 적이 없었다. 가난했기 때문이다. 하지만 전쟁 중에 배급제가 실시되자 동물들은 오히려 규칙적으로 밥을 먹을 수 있게 되었던 것이다.

이런 경험을 해본 동물들이다 보니 그들은 「비버리지 보고서」가 희망의 메시지라는 것을 잘 알고 있었다. 이제 여우만의 정부가 아니었다. 두더지도 정부 운영에 당당하게 참여했다. 마을에는 웃음꽃이 피어났다.

제9장
하이에나의 탓탓론

동물연합군에 패배해서 동쪽 숲으로 도망쳐 온 포악한 사자와 호랑이는 분을 삭이고 있었다. 이들에게 어느 날 신사가 찾아왔다.

"너희들이 왜 졌는지 알아?"
"몰라!"

두 맹수는 신경질적으로 대답했다. 신사가 말했다.

"머리가 없어서 그래!"

"뭐라고?"

호랑이와 포악한 사자가 화난 표정으로 이빨을 드러냈다. 그러나 신사는 침착하게 설명을 이어갔다. 그는 띠쥐 부부와 비버의 이야기를 들려주고 「소수파 보고서」와 「비버리지 보고서」의 존재도 말해 주었다. 이야기를 들으면서 기분이 나빴지만, 포악한 사자와 호랑이는 자신들에게 이론가와 설계도가 없다는 것을 인정하지 않을 수 없었다.

"전쟁은 몸으로 하는 것이 아니라 머리로 하는 거야. 이제는 힘만 가지고는 안 되고, 동물들에게 동의를 얻지 못하면 더 이상 통치를 할 수 없단 말이야."

신사의 말을 들은 포악한 사자와 호랑이는 슬슬 짜증이 나기 시작했다.

"그래, 머리 나쁜 우리더러 뭐 어쩌라고?"

"하하, 그럴 줄 알고 내가 띠쥐와 비버에 버금가는 선생
을 모시고 왔지!"

신사는 치밀했다. 신사가 손짓을 하자 덤불 사이에서 동
물 하나가 모습을 드러냈다. 하이에나였다. 하이에나는 눈을

동그랗게 뜨고 말했다.

"사회라는 건 없습니다!"

난데없는 말에 포악한 사자와 호랑이가 어리둥절해하며 서로 얼굴을 마주보자, 무식한 녀석들이 그럴 줄 알았다는 듯이 하이에나는 차분히 설명을 이어갔다.

"사실 「비버리지 보고서」는 사회 탓만 하고 있습니다. 사
　회관리를 통해 불평등을 해결한다면서 동물들을 현혹
　했습니다."

하이에나는 상기된 듯 목소리를 높였다.

"가난이 제 탓이지 어떻게 남의 탓입니까?"

그럴듯했다. 동물들이 똘똘 뭉칠 수 있었던 것은 가난을 사회 탓으로 돌릴 수 있었기 때문이다. 가난이 자기 탓이라고 생각했다면 열심히 일만 하지 않았겠는가.

하이에나는 가방에서 책을 꺼냈다. 『동물의 길은 내 탓, 노예의 길은 남 탓』이라는 제목의 하이에나가 쓴 책이었다. 일명 '탓탓론'이라는 이 책은 남 탓하는 자는 노예로밖에 살수 없다는 주장을 담고 있다. 이 책은 호랑이와 포악한 사자에겐 복음과 같았다.

"그런데 이 주장을 어떻게 동물들에게 전파하지?"

호랑이가 물었다. 하이에나는 예상했던 질문이라는 듯이 웃음을 머금고 말했다.

"TINA를 내세우자!"
"TINA라고? 그게 뭐야. 티 나게 멋진 거야?"

포악한 사자와 호랑이는 역시 무식했다. 'TINA'는 "There is No Alternative!"의 준말이다. 모든 문제는 자기와 가족이 해결하는 방법 외엔 어떤 대안도 없으니 정부에 의존할 생각을 말라는 뜻이다. 이번에는 옆에서 하이에나의 말을 가만히 듣고 있던 신사가 나섰다.

"광고비는 내가 내지!"

얼마 후, TV 채널 곳곳에 '티나' 광고가 등장하기 시작했다. 처음에 동물들이 관심을 보이는 듯했지만 곧 시큰둥해졌다. 띠쥐 부부와 비버에게 이미 교육을 받았기 때문이다.

그러던 중에 이매진 빌리지에 가뭄이 시작되었다. 정부는 물을 사재기하지 못하도록 엄격하게 통제했다. 물 값은 폭등했다. 초기에는 잘 참던 동물들이 점차 짜증을 내기 시작했다. 급기야 정부를 비판하는 목소리가 터져나왔다.

"생수 가격을 시장에 맡겨라!"

사회가 혼란에 빠졌다. 호랑이와 포악한 사자는 기회가 왔다고 생각하고 TINA를 앞세워 목소리를 높였다.

"문제를 키운 것은 정부다. 정부 개입을 중단하라."

듣고 보니 그럴싸했다. 모든 어려움은 정부의 과도한 개입 때문인 듯했다. 생수 가격도 실제 시장에 맡기면 수요공급법칙에 의해 자동적으로 가격이 조정될 것 아닌가! 생각이 여기에 미치자, 사회복지를 한답시고 많은 세금을 걷어서 무상

의료, 무상교육, 무상주택에 쓴 것이 오늘날 위기의 원인인 듯이 보였다.

"정부의 시장개입과 무상복지가 더 지속되면 안 된다. 우리가 집권하면 모든 무상제도를 폐지하고 경제를 살릴 것이다!"

호랑이와 포악한 사자의 주장에 하나 둘씩 동조하는 동물들이 생겨나기 시작했다. 특히 돈 좀 있는 동물들이 이탈하기 시작했다. 여우는 호랑이와 포악한 사자도 싫었지만, 두더지나 닭, 양, 돼지와 동일하게 취급받는 것도 자존심이 상했다. 그래서 내심 이 조치에 동의하는 눈치였다.

결국 호랑이와 포악한 사자의 공동정부가 들어섰다. 이들은 정부가 제공했던 집도 돈 있는 동물들에게 판매하고 정부가 운영했던 공장이나 광산도 매각했다. 큰 혜택을 입은 것은 여우를 비롯한 돈 있는 소수의 동물들이었다. 하지만 다수의 삶은 더 힘들어졌다.

　　대타협과 단결은 파괴되었다. 양과 돼지, 닭과 두더지들은 원래 살던 마을로 돌아갔다. 자동침대가 다시 등장했다. 띠

제9장 하이에나의 탓탓론

쥐 부부와 비버의 보고서들은 불태워졌다. 띠쥐 부부와 비버
는 수감되었다가 풀려났지만 마을에서 이들을 본 동물은 없
었다.

제10장
불내여와 카멜레온의 제3의 길

포악한 사자와 호랑이의 통치시대가 계속되었다. 이들은 선거를 통해 번갈아 가면서 집권했다. 여우와 부자 동물들이 변함없는 지지를 보냈기 때문이다. 역사학자들은 이 기간을 '포효시대'라 불렀다.

이 시대에 일반 동물들의 삶은 무척 팍팍해졌다. 먹고살기 위해 동물들은 날이면 날마다 분주하게 움직였다. 두더지는 석탄을 캐기 위해 땅속으로 더 깊이 들어갔다. '베드타운'으로 돌아간 닭과 돼지도 몸을 침대에 맞추기 위해 노력했다.

그 사이 계층간 불평등은 더욱 심화되었다. 경제적인 궁핍도 문제였지만 몸이 아파 병원에 가도 치료가 제때 이루어지지 못했다. 의료예산 삭감으로 동물병원에 대기 줄이 늘어나기 시작했고 간단한 수술조차도 오래 기다려야 했다. 모두의 것이었던 산과 들도 개인 소유가 되었기 때문에 땔감 구하기도 힘들었다. 이러다 보니 동물들의 모임 횟수도 줄어들었다.

"먹고 살기 힘든데 토론은 무슨 토론이야."

마을에 냉소주의가 만연했고 생활이 점점 힘들어졌다. 일반 동물들에겐 특단의 대책이 필요했다.

그러던 어느 날 서쪽 숲에서 동물 대표들의 비밀회동이 이루어졌다. 먼저 두더지 대표가 말문을 열었다.

"혁명을 일으키자!"

이 제안에 심정적으로는 모두가 동의했지만 실제 나서는 동물은 없었다. 혁명은 누군가의 피를 먹고 자라기 때문이다.

여우는 동물들의 동요가 어디로 튈지 몰라 불안했다. 일단 눈치를 살폈다. 사실 여우는 포효시대가 꼭 싫은 건 아니었지만 1인자가 될 가능성이 거의 없었기 때문에 내심 불만도 가지고 있었다. 변화가 필요했지만 그렇다고 대타협의 시대로 되돌아가고 싶지는 않았다.

회의장에 침묵이 흘렀다. 한참이 지난 후 마침내 여우 대표가 큰 기침을 한 번 하더니 말을 시작했다. 그 여우는 얼굴이 잘 생겨서 여성 여우들의 마음에 불을 낸다고 해서 '불내여'란 별명을 가지고 있었다.

"포악한 사자와 호랑이를 무찌르려면 모든 동물들의 지지가 필요합니다."

다들 호기심 어린 눈으로 '불내여'를 쳐다보았다.

"사실 우리 여우들과 부자 동물들도 포효정부가 싫습니다. 하지만 대타협시대의 과도한 복지도 찬성하지 않습니다. 복지를 보장하되 무조건이 아니라 일하겠다고 하는 동물에게만 혜택을 주어야 합니다. 직업 훈련이나 교육, 구직활동을 할 때에만 주는 것입니다. 그렇게 하면 여러분은 우리 여우들과 부자 동물들의 지지를 얻을 수 있을 것입니다."

그럴듯했다. 불내여의 대안은 혁명과 달리 매우 현실적인 것처럼 보였다. 동물들은 조심스럽게 지지를 표명했다. 포효정부를 어떻게든 벗어나려면 여우와 부자 동물들의 지지가 필요했기 때문이다. 불내여는 더 힘을 주어 말했다.

"받는 복지에서 일을 위한 복지로, 다시 말해 'Welfare'를 넘어 'Workfare'로 나갑시다!

회의장 동물들이 하나 둘씩 일어서더니 나중에는 모두 일어서서 박수를 치기 시작했다. 분위기가 고조되자 '불내여'가 목소리를 높였다.

  "한 가지 더 말할 것이 있습니다. 이제 동물들도 무조건
   조직적으로 활동하는 것을 자제해야 합니다."

동물들이 멈칫했다. 그러나 '불내여'는 이에 아랑곳하지 않고 말을 이어갔다.

  "이제 재산은 공동소유라는 낡은 사상도 버려야 합
   니다!"

동물들은 당혹해하며 웅성거리기 시작했다. 이 말은 불내여가 띠쥐 부부가 최종목표로 설정했던 '제4조'을 폐기하겠다는 것이다.

"대타협시대와 포효시대의 사잇길인 '제3의 길'로 가야
 한다고 봅니다."

그럴듯해 보였다. 결국 동물들은 잘 생기고 말도 잘하는 '불내여'의 매력에 하나 둘씩 빠져들기 시작했다. 몇 달 뒤 '불내여'는 새로운 총리에 취임했다. 그리고 10년이 넘게 집권했다.

동물들의 삶은 어떻게 되었을까? 어느 날 두더지 한 마리가 죽었다. 그 이름은 '브레이크!'

그는 오랫동안 탄광에서 일을 해서 진폐증이 걸렸지만 어떤 조치도 받지 못했다. 대타협의 시대에선 당연히 복지혜택을 받았을 테지만 '제3의 길' 정책에서는 진폐증이 진짜로 일을 못할 정도의 병인가에 대한 정밀검사를 받아야 했다. 검사를 하고 기다리고 검사를 다시 하고 또 기다리기를 반복했다. 이 과정에서 '브레이크'는 화병까지 얻어 결국 사망했다.

'브레이크 사건'으로 동물들은 술렁거렸다. 그제서야 '불내여'가 대안이 아니라는 것을 깨달았다. 이때 아주 매력적인 구호를 들고 외모도 출중한 인물이 나타났다. 카멜레온이다.

"큰 사회를 만들겠습니다."

카멜레온의 말에 동물들은 술렁거렸다. 사회가 책임지겠다고! 동물들은 대타협시대의 환생이라고 반겼다. 결국 카멜레온이 총리에 당선되었다. 카멜레온은 취임사에서 대원칙을 천명했다.

"큰 사회의 핵심은 마을입니다. 이제 국가에게도 묻지 말고 시장 탓도 하지 맙시다. 마을을 탓해야 합니다. 권력을 마을과 여러분에게 위임할 테니 알아서 하십시오."

동물들은 선뜻 이해하기 어려웠다. 카멜레온의 주장은 의료, 교육, 주택, 소득 문제를 국가가 아닌 마을이 알아서 책임지라는 뜻이었다. 동물들의 의심은 깊어질 수밖에 없었다.

어느 날 카멜레온이 신사를 만나 밀담을 한 사실이 신문에 보도되었다. 그는 신사에게 충성을 다짐했다.

"내가 제일 존경하는 동물은 호랑이와 포악한 사자입니다!"

아뿔싸! 동물들은 후회했지만 이미 엎질러진 물이었다.

경축! 동물 만민 공동회

제3부

상상

제11장

거대한 후퇴

'이매진 빌리지' 남동쪽에는 '마우스랜드'라는 제법 큰 마을이 있다. 이름에서 알 수 있듯이 대다수의 주민은 쥐였다. 그런데 통치자는 늘 고양이였다.

쥐들은 자기들보다 똑똑하고 힘이 센 고양이가 통치자가 되어야 한다고 생각했다. 이 때문에 주기적으로 실시되는 선거에서 매번 자신들의 대표로 고양이를 뽑았던 것이다.

하지만 고양이는 쥐들에게 불리한 법안을 잔뜩 만들어냈다.

'쥐는 시속 20km 이상 달리면 징역 6개월에 처한다.'

'쥐구멍은 직경 30cm 이하로 파면 징역 1년에 처한다.'

이 모든 조치들은 고양이가 쥐를 잘 잡도록 하기 위한 것
이었다.

'마우스랜드'의 주민들은 살기가 힘들었다. 그래서 선거 때
마다 새로운 고양이를 통치자로 뽑았다. 흰 고양이, 검은 고
양이, 누런 고양이, 얼룩 고양이…. 그래도 쥐들의 삶은 나아
지지 않았다. 이때마다 쥐들은 배신감에 치를 떨었다.

그러던 어느 날 머리에 띠를 두른 쥐 부부가 나타나 다른
쥐들을 설득하기 시작했다.

"왜 우리는 쥐를 대표로 뽑지 않는 거지?"

마을이 술렁거렸다. 쥐들이 삼삼오오 모여서 수근거리기
시작했다.

상황이 점점 심상치않게 변해가자 고양이 정부는 특단의

대책이 필요하다고 생각했다. 그래서 쥐들에게 자신들이 먹다가 남은 식량을 나누어 주기로 결정했다.

"역시 고양이는 달라."

쥐들은 고양이 정부에게 매우 고마워하며 이들을 다시 평가하기 시작했다. 분노의 감정이 사그라들고 마을은 평온을 되찾았다. 이제 더 이상 띠쥐 부부의 말에 귀를 기울이는 쥐는 찾아보기 어려웠다. 띠쥐 부부는 절망했다. 그리고 고양

이의 보복이 두려워 서쪽 숲으로 도망쳤다.

띠쥐 부부가 떠나고 난 얼마 후, 고양이가 말했다.

　"파이를 공짜로 주었더니 일하지 않는 쥐들이 생겨났다."

　"게으른 쥐들 때문에 우리 공동체가 위험해지게 되
　었다."

고양이 정부의 이런 주장에 동조하는 쥐들이 나타났다.

　"한심한 녀석들 같으니라고, 고마운 줄도 모르고…"

　"나도 쥐지만 쥐들은 이래서 문제야."

쥐들은 서로를 비난했다. '이매진 빌리지'의 '두빈법'처럼
파이를 배급하는 엄격한 원칙이 만들어졌다. 쥐들의 생활은
더욱 더 힘들어졌다. 그러나 쥐들은 저항은 고사하고 오히려
고양이 정부에 대한 신뢰를 더해 가고 있었다.

그러던 어느 날, 띠쥐 부부가 '마우스랜드'에 다시 나타났다. 띠쥐 부부는 "이매진 빌리지"에서 동물들의 대타협을 이루었으며, '마우스랜드'에서도 이러한 새로운 변화가 필요하다고 역설했다.

"쥐에게도 일자리를!"
"쥐에게도 좋은 음식을!"
"쥐에게도 권력을!"

띠쥐 부부에 동조하는 쥐들이 나타났다. 이들이 함께 외치기 시작했다.

"파이는 우리가 만들었는데 왜 우리가 감사하며 받아야
하는가."
"선별적 식량 배급을 즉각 중단하라!"

쥐들은 동요했다. 공부하기 시작했고 조직화가 진행되었다. 불안을 느낀 고양이 정부는 띠쥐 부부를 빨갱이라고 비난했지만 똑똑해진 쥐들은 속지 않았다. 예전의 쥐들이 아니었다. 마침내 선거를 통해 쥐 정부가 탄생했다.

'마우스랜드'가 살 만한 곳으로 발전해 갔다. 일자리가 넘쳐나자 이웃마을인 '울렌타운'과 '베드타운'에서 힘들게 살던 동물들이 많이 이주해 왔다.

이렇게 활력이 넘치던 '마우스랜드'에 위기가 찾아 왔다. 카지노가 들어서기 시작한 후부터였다. 동물들은 도박에 빠져들었다.

은행은 금리인하를 단행했다. 거의 제로 금리였다. 은행 금리가 싸지자 쥐들은 너도나도 대출을 받아 집을 사고 도박을 일삼게 되었다.

그러던 어느 날 은행 주인인 호랑이가 금리를 크게 올렸고, 쥐들은 졸지에 빚더미에 올라앉게 되었다.

띄쥐 부부는 호랑이가 금리를 가지고 장난쳤다며 비판하고 나섰다. 그런데 호랑이는 엉뚱한 논리로 띄쥐 부부를 공격했다.

"너희 왜 살기 힘든지 알아? 그건 이주 동물들 때문이야. 그들이 너희 일자리를 다 빼앗았잖아!"

호랑이는 쥐들의 불행을 다른 동물 탓으로 돌렸다. 호랑이는 눈을 크게 뜨고 한 마디를 덧붙였다.

"이 마을의 이름이 마우스랜드잖아. 나는 너희와 함께
쥐들만을 위한 나라를 만들어 갈 거야. 우리 마을을
꼭 지킬 거야!"

띠쥐 부부가 호랑이의 말에 절대 속지 말라고 애타게 설득
했지만 쥐들은 그 말을 들으려 하지 않았다.

"쟤 이야기를 들으면 내 머리에 쥐가 나는 것 같아."

대부분의 쥐들은 띠쥐 부부를 정말 미쳤다고 생각했다.

그해 치러진 선거에서 호랑이가 대통령에 당선되었다. 집
권하자마자 호랑이 정부는 뒷조사 결과 띠쥐 부부가 빨갱이
라며 방대한 증거물을 공개했다. 호랑이는 띠쥐 부부가 이주
동물과 내통해서 우리 일자리를 빼앗으려 했다고도 언급했

123

제11장 거대한 후퇴

다. 결국 띠쥐 부부는 추방당했다.

호랑이 정부는 파이 배급량을 점점 줄여 갔다. 빈민층 쥐들은 굶어 죽거나 자살하거나 마을을 떠났다. 그렇지만 대부분의 쥐들은 호랑이 정부의 조치에 대해 불평하지 않았다.

'모든 것이 내가 게으르고 못나고 운이 없는 탓이다!'
'모든 것이 우리 일자리를 뺏은 이주동물 탓이다!'

쥐들은 이렇게 생각했기 때문이다. 그러는 사이 호랑이는 국경에 철조망을 치고 이주동물들이 들어오지 못하도록 했다. 쥐들은 환호했다. 하지만 삶은 나아지지 않았고, 고난의 원인이 이주동물 탓이라고 생각한 쥐들은 계속해서 이주동물을 비난했다. 마우스랜드는 더 흉흉해졌다.

제12장
세계 동물의 권리 선언

세월이 흐르는 동안 교통이 많이 발달하였다. 울렌타운과 베드타운, 이매진 빌리지와 피노키오랜드, 마우스랜드가 이제 하나의 생활권이 되었다. 글로벌 빌리지가 만들어진 것이다.

오래 전, 마우스랜드에서 쥐들이 고양이를 몰아내고 호랑이를 통치자로 세운 사건의 후유증은 매우 컸다. 호랑이 정부는 선거 공약대로 마우스랜드로 일하러 온 다른 마을의 돼지, 두더지, 닭, 양들을 다 쫓아냈기 때문이다.

이제 동물들이 안심하고 생활할 수 있는 곳은 어디에도

없게 되었다. 동물들은 포악한 사자와 호랑이가 지배하는 '포효시대'가 다시 올지도 모른다는 공포에 사로잡혔다. 또한 이 맹수들 뒤에 베일에 싸인 '신사'가 존재한다는 사실을 눈치 챘다.

　　'어떻게 해야 하나? 글로벌 빌리지의 모든 동물들이 단
　　결해야 하는데…'

　고민을 거듭하던 '상상상협회'가 전면에 나섰다. 서쪽 숲에서 띠쥐 부부 주도로 만들어졌던 그 협회가 동물 대표자 회의를 하자고 제안한 것이다.

　비슷한 고민을 하던 각 마을의 동물들은 이에 동조하였고, 서쪽 숲에서 여러 차례 동물 대표자 회의가 개최되었다. 이 과정에서 '세계동물연대'(세동연)가 결성되었고, '동물 만민 공동회'가 필요하다는 합의가 도출되었다.

　세계동물연대의 치밀한 준비 속에 드디어 '동물 만민 공동

회'가 개최되었다. 사회는 상상상협회 회장이 맡았다. 첫 번째 발언은 베드타운에서 온 돼지 대표가 시작했다.

제12장 세계 동물의 권리 선언

"우리는 밤낮으로 열심히 일한 덕분에 노동생산성은 엄청 높아졌어요. 침대에 몸을 맞추느라 얼마나 고생했는지 아십니까? 그런데도 우리는 먹고 살기가 더 힘들어졌습니다. 우리는 늘 배가 고파요. 꿀꿀합니다."

참석자들 사이에서 탄식이 흘러나왔다. 이어서 두더지 대표가 나섰다.

"우리는 3대째 진폐증을 앓고 있어요. 열심히 일해서 얻은 것이 고작 이것입니다."

사실 그 자리에 모인 동물 중에 뼈마디가 아프지 않은 이가 없었고 그들의 부모세대는 거의 골병이 들어 있었다. 자유 발언이 진행될수록 공감의 수준을 넘어 분노심이 커져갔다.

"혁명만이 해답입니다!"

무리 속에서 날카로운 외침이 들렸다. 그 외침의 주인공은 온순하기로 소문난 양이었다. 양은 울먹이며 말했다.

"여러분, 울렌타운의 실상을 아십니까? 그곳은 지옥입니다."

한쪽 구석에서 웅크리고 앉아 이 광경을 지켜보던 여우는 두려움을 느꼈다. 저 분노가 지금은 사자나 호랑이에게 향해 있지만, 머지않아 부자인 자신에게 향할 것이 뻔하다고 생각했다.

여우는 다급한 마음에 손을 번쩍 들었다. 발언권을 얻기 위해서였다. 다른 참석자들은 의혹 어린 시선으로 일제히 여우를 쳐다보았다.

"여러분의 심정은 충분히 이해합니다만, 이 시점에서 좀 냉정해질 필요가 있습니다. 혁명은 피를 동반합니다. 누군가는 죽을 것입니다. 어쩌면 호랑이와 포악한 사자는 우리가 혁명을 일으키길 기다리고 있을지 몰라요. 미운 동물들을 없앨 수 있는 기회로 삼을 수 있기 때문입니다. 자, 이제 마음을 가라앉히고 실현 가능한 대책을 생각해 봅시다."

대회장의 분위기가 약간 진정이 되자 여우가 말을 이어 갔다.

"모든 동물은 법 앞에 평등하고 동물답게 살 권리를 가지고 있습니다."

여우의 말이 맞다는 듯 다들 머리를 끄덕였다. 하지만 두더지가 반발했다.

"법은 가진 자들이 만듭니다. '법 앞에' 평등하다는 말
은 지배자의 위선입니다."

두더지들은 "이매진 빌리지"의 역사를 배웠다. 할아버지 세대에 '기계 파괴 운동'으로 선거 혁명이 일어났을 때 여우 정부는 법을 만들어서 자신들만 투표권을 갖고 재산이 없다는 이유로 두더지를 배제했었다. 두더지 대표는 이 사실을 상기시키면서 여우의 제안을 비판했다.

"'모든 동물은 평등하고 동물답게 살 권리를 가진다'라고 하면 어떻습니까?"

사회자가 재치 있게 여우의 제안에서 '법 앞에'라는 구절을 삭제하여 다시 제안했다. 이에 참석자들이 모두 동의하면서 첫 번째 원칙이 채택되었다.

이어서 볏이 꼿꼿한 장닭이 차분하게 질문했다.

"동물답게 살 권리란 무엇입니까?"

여우가 존재감을 드러내려는 듯 유식하게 대답했다.

"그것은 생각하고, 발언하고, 참여할 권리입니다."

이 말에 모두가 동의했다. 그래서 두 번째 원칙이 채택되었다.

'모든 동물은 자유롭게 생각하고, 발언하고, 참여할 권리를 가진다.'

생각하고, 말하고, 참여해야 하는데 '베드타운'의 동물들은 그럴 수가 없었다. 침대에 몸을 맞추기 위해 스펙을 쌓아야 했고, 긴 노동시간 때문에 집회에 참여하지도 못했으며, 자유롭게 발언하면 직장에서 해고되기 십상이었다. '마우스랜드'의 쥐들도 처지가 비슷했다.

제법 덩치가 있는 쥐가 벌떡 일어나더니 큰 소리로 말했다.

"생각, 발언, 참여를 가능하게 하는 조건을 요구할 권리
도 동물들이 가져야 합니다. 노동시간 단축, 최소소득
보장 등이 그 조건의 예라고 보시면 됩니다."

'동물 만민 공동회'에서 추후에 「공장법」과 「비버리지 보고
서」를 재검토하기로 했다. 상상상협회장은 지금까지의 논의
를 '세계 동물 권리 선언의 3대 원칙'으로 정리했다.

1. 모든 동물은 ~~법 앞에~~ 평등하고 동물답게
   살 권리를 가진다.
2. 모든 동물은 자유롭게 생각하고,
   발언하고, 참여할 권리를 가진다.
3. 모든 동물은 생각, 발언, 참여를 가능하게
   하는 조건을 요구할 권리를 가진다.

이 3대 원칙에 모든 동물들이 흡족해 했다. 그러나 여우는 세 번째 원칙이 과도하다는 불만을 가지고 있었지만 분위기에 눌려 가만히 있을 수밖에 없었다.

상상상협회장이 질문을 했다.

"3대 원칙 모두가 중요하지만 특히 세 번째 조건을 확보하려면 많은 재원이 필요합니다. 어떤 방안이 있을까요?"

이미 날이 어두워지고 있었다. 그래서 이튿날 토론에서 이 의안을 다루기로 하고 역사적인 '동물 만민 공동회'의 첫째 날 회합이 마무리되었다.

제13장
근본을 뒤집는 질문

'동물 만민 공동회' 이틀째. 뜻밖에 신사가 이상한 로봇을 데리고 나타났다. 동물들은 잔뜩 경계했다.

"이 애랑 바둑 둘 동물 혹시 있나?"

갑작스런 상황에 참석자들이 의아해했다. 하지만 흥미로운 제안이었다. 여우가 나섰다. 동물 중에 시간적 여유가 많은 여우는 늘 바둑을 두었고, 지금은 '이매진 빌리지' 바둑 챔피언 타이틀을 가지고 있었다.

'기계쯤이야.'

　콧방귀를 뀌었던 여우가 게임 중반이 되자 쩔쩔 매기 시작했다. 결과는 로봇의 완승이었다. 신사는 득의만면해서 말했다.

　"이것은 그냥 로봇이 아니라 동물지능 로봇입니다. 이제

이 로봇이 공장에서 일을 하게 될 것입니다."

신사는 '제4차 산업혁명'이라는 둥 알아들을 수 없는 말을 떠벌리면서 으스댔다. 참석자들이 술렁거렸다. 그러지 않아도 일자리가 부족한데. 그마저 사라질 판이라니…

"우리가 여기에서 이런 토론만 할 것이 아니라, 동물지능 로봇이 하지 못하는 일을 찾아내야 합니다."

여우가 좌중을 둘러보며 심각한 표정으로 말했다. 그러나 선뜻 의견을 제시하는 참석자가 없었다.

"그런 일이 과연 무엇일까? 있기는 한 것일까?"

한참이 지나고 웅성거리는 소리가 잦아들 때쯤 볏이 꼿꼿한 장닭이 손을 번쩍 들고 일어섰다.

"동물지능 로봇에게 로봇세를 부과하고, 그 세금을 재원으로 해서 일자리를 잃은 동물에게 실업수당을 주는 방안입니다."

참석자들이 흠칫 놀라는 기색이었다. 닭 머리에서 나올 만한 아이디어가 아니라는 듯.

이번에는 두더지가 일어섰다.

"동물지능 로봇이 무슨 죄입니까? 우리가 싸워야 할 대상은 기계가 아니라 저 신사입니다!"

두더지는 할아버지 세대에 있었던 '기계 파괴 운동'을 다시 한 번 상기시키고 그때 우리 동물들이 우매했었다고 말했다. 사회자가 이야기를 들어보려고 신사를 찾았으나 신사는 이미 사라진 뒤였다.

사회자가 두 번째 토론주제를 꺼냈다. 정규직 문제! 오랫동안 닭, 돼지, 두더지, 양들은 일을 할 만큼 해왔다. 하지만 일자리는 줄어들고 노동 강도는 더 세졌다. 대부분이 비정규직이다보니 이러한 열악한 노동환경을 개선할 여력도 없었다. 오로지 바라는 것은 고용이 안정적으로 보장되는 정규직이 되는 것이었다.

두더지가 일어섰다.

"생산성이 높아져서 먹고 마실 게 차고 넘치는데 왜 우리는 여전히 아침부터 밤늦게까지 일만 해야 합니까? 저는 정규직이 아니라 오히려 비정규직이 해법이라고 봅니다. 자신이 좋아하는 일을 하고 싶을 때 하고 쉬고 싶을 때 쉴 수 있어야 합니다."

돼지가 퉁명스럽게 말했다.

"그러면 먹고 살 돈은 어디서 나오지?"

돼지는 두더지가 돈을 많이 쌓아 두었을 거라고 생각했다. 두더지가 맞받아쳤다.

"기계와 동물지능 로봇이 우리의 일을 대체한 덕에 신사는 저렇게 놀고먹을 수 있다. 그런데, 왜 우리는 동물지능 로봇의 덕을 보지 못한다는 거지?"

생각해 보니 그랬다. 일을 하지 않고 놀기만 하는 신사는 잘 사는데, 동물들은 그렇지 못했다. 동물들은 뭔가 희미했던 것이 점차 명확해지는 느낌을 받았다.

'마우스랜드'에서 온 쥐가 말했다.

"맞아. 동물지능 로봇과 기계가 생산한 것을 우리가 나누어 가질 수 있다면 정규직이 되어 밤낮으로 일을 안 해도 잘 살 수 있을 거야."

이때 누군가가 외쳤다.

"맞아, 기본소득을 받을 권리가 우리에게 있어!"

여태까지 모든 동물에게 기본소득을 보장한다는 것은 공상과학 소설에나 있을 법한 것으로 여겨졌지만 동물들은 이제 달라졌다. 신사가 엄청난 부자라는 사실을 잘 알고 있었기 때문이다.

　동물지능 로봇의 등장은 역설적으로 이제 모든 동물들에게 희망이 되고 있었다. 로봇은 더 이상 경쟁 대상이 아니라 대안인 셈이었다.

　이때 사회자가 놀라운 사실을 밝혔다.

　"신사는 그동안 기본소득 보장을 주장해 왔어요."

　사회자가 설명을 이어갔다. 이미 오래전에 스핀햄랜드라는 마을에서 기본소득제도를 시행했는데 동물들의 생활이 더 힘들어졌다고 했다. 공장주가 기본 보수기준을 낮췄기 때문이다. 이처럼 기본소득제도가 시행되면 고용주들은 기본소득 명분으로 임금을 낮출 것이다. 정부 또한 의료, 교육, 주거 등 다른 복지 지출을 줄일 수 있다는 것이다.

　사회자는 기본소득제도가 동물들의 단결력을 저하시킬 수도 있다고 했다. 기본소득이 보장되기 때문에 동물들이 자기들끼리의 연대에 관심을 덜 갖게 될 게 뻔하다는 말이었다.

사회자가 설명 말미에 질문을 하나 던졌다.

"과연 기본소득은 누구의 편일까요?"

동물들은 기본소득제도라는 것이 권력을 갖고 있을 때만이 유리할 수 있다는 사실을 비로소 깨닫게 되었다.

"그래, 문제는 권력이야!"
"권리는 권력을 가졌을 때 우리 것이 될 수 있어!"

자조 섞인 말들이 오고가는 동안 대회장은 어느덧 어둑어둑해지고 있었다. 참석자들은 내일 마저 토론하기로 하고 해산했다.

제14장
만국의 동물이여 단결하라

'동물 만민 공동회' 셋째 날이 밝았다. 오늘도 사회는 상상 상협회장이 맡았다. 그는 지금까지 논의한 내용을 정리하면서 개회를 선언했다.

"세계 여러 곳에서 오신 여러분! 우리는 '세계동물연대' 가 주최한 '동물 만민 공동회'를 통해 새로운 역사를 써 가고 있습니다. '세계동물 권리선언'을 채택한 것은 정말 대단한 것입니다. 또한 권리의 가능 조건에 대해 토론했고 기본소득제도가 필요하다는 합의에도 이르렀습니다. 그리고 기본소득은 동물들이 권력을 가졌을 때 가능하다는 것이 어제의 결론이었습니다. 어떻게 동물들이 권력을 가질 수 있을까요? 이것이 오늘의 토론 주제입니다. 자 그럼, 어느 분이 첫 발언을 하시겠습니까?"

콧잔등에 안경을 걸친 돼지가 말문을 열었다.

"공부합시다. 저는 늘 꿀꿀했지만 그 원인을 몰랐습니다. 그런데 이곳에서 토론을 하면서 명확히 알게 되었습니다. 한때는 사자의 보호를 받고 있는 양을 사자와 한통속이라고 욕했는데, 알고 보니 양과 나는 같은 처지였습니다. 공부합시다. 학습해야 합니다!"

상상상협회장이 머리를 크게 끄덕이더니 말을 이어갔다.

"맞아요, 옳은 말씀입니다. 그러면 무엇을 학습해야 합니까?"

돼지는 다시 기분이 꿀꿀해졌다. 필요성을 느꼈지만 딱히 뭐라고 말할 수가 없었다. 이때 두더지가 거들고 나왔다.

"예전에 기계가 문제라고 생각해서 기계를 부순 적이 있습니다. 그런데 알고 보니 진짜 문제는 기계가 아니라 그 소유자가 폭리를 취할 수 있게 설계된 구조였습니다. 소유구조와 분배의 불평등이 핵심인 거죠. 이처럼 세상을 움직이는 메커니즘의 본질을 볼 수 있는, 통찰력을 기를 수 있는 공부를 해야 합니다."

상상상협회장은 두더지의 말이 마음에 드는지 빙그레 웃으면서 '동물문해교육'을 힘주어 말했다.

"두더지 선생 말이 맞습니다. 달을 보라고 하면 그냥 달을 보면 안 됩니다. '왜 달을 보라고 하지, 달을 보면 누구한테 유리하지, 저것을 통해 얻고자 하는 이익이 뭐지'라고 자문하면서 달을 보라는 놈을 봐야 합니다."

참석자들이 머리를 끄덕였다.

'그렇다! 양털을 깎으라고 한 신사, 요정을 고용한 신사, 자동침대를 소유한 신사, 기계와 동물지능 로봇을 갖고 있는 신사, 그 신사를 봐야 하는 거야.'

협회장이 말을 이었다.

"단순히 교양과 스펙을 쌓기 위한 공부, 자기계발을 위한 공부는 경계해야 합니다. 문제는 자기만족이나 교양에 있지 않습니다. 세상을 읽어내는 눈과 동물들의 단결을 위한 교육, 즉 동물문해교육이 필요합니다."

참석자들의 반응을 살피며 협회장이 설명을 이어갔다.

"그렇습니다. 동물문해교육은 동물답게 사는 조건이 권
리라는 것을 깨우쳐 주고, 이것을 관철하는 방법까지
담고 있어야 합니다."

이 말이 끝나자, 감격에 찬 표정을 한 두더지가 벌떡 일어
서더니 힘주어 말했다.

"우리는 두더지 청소년에게 동물노동권 교육을 한 적이
있어요. 일할 때 반드시 근로계약서를 쓰고 최저임금을
요구하라고! 그런데 막상 회사에 들어가서는 아무도 말
하지 못했어요. 그 말을 하면 바로 해고니까요. 그래서
우리는 깨달았습니다. 이제 근로기준법만을 가르쳐서
는 안 됩니다. 협상은 사장과 개인이 하지 말고 반드시
모여서 단체협상으로 해야 합니다. 이것을 들어주지 않
으면 파업을 해야 한다는 것을 가르치고 실습시켜야 합
니다. 동물문해교육은 권리뿐만 아니라 권력을 갖는

방법을 가르쳐야 합니다."

울렌타운에서 온 양이 일어나서 박수를 크게 쳤다. 피가 나도록 털이 깎이면서도 그것을 운명으로 받아들였던 지난 세월이 한스러웠는지 눈가엔 눈물이 고였다. 닭, 돼지 할 것 없이 참석자들이 모두 일어서서 우레와 같은 박수를 보냈다. 박수소리가 잦아들자 협회장이 말했다.

"그렇습니다. 우리에게 학습모임이 필요합니다. 동물들이 늘 학습하면서 함께 토론한다면 더 이상 몰라서 당하지는 않을 것입니다. 학습모임에서 토론하는 동료도 만날 것입니다. 이 동료들과 함께 공동체의 원칙, 방향, 제도를 구상하고 이상이 일상이 되는 실천을 해야 합니다."

참석자들은 모든 모임에 학습동아리를 만들고 이 동아리

를 지원하는 법안을 각 마을에서 입안하도록 권고하기로 결
정했다.

분위기가 고조되자 협회장이 자신감 있게 말했다.

"노동조합, 시민단체, 학부모회, 학생회 등 모든 모임이
　동물문해교육을 위한 학습모임을 만들고 함께 이상을
　공유하고, 이 과정에서 동물들의 힘이 형성될 수 있다
　면 이것이야말로 진정한 민주주의의 시작이 아니겠습
　니까?"

학습동아리민주주의 구상은 토론이 진행될수록 구체화
되었다. 이 과정에서 동물들은 모든 사회의 기초가 '이상이
일상이 되는' 학습과 토론이라는 것을 확신하게 되었다.

그런데 이런 상황이 마뜩찮다는 표정을 짓고 있던 쥐 대
표가 반론을 제기했다.

"우리가 왜 고양이, 호랑이 정부를 선택했는지 압니까? 무식했기 때문입니다. 공부하고 싶어도 먹고살기 위해 먼저 돈을 벌어야 했기 때문입니다. 토론하면 밥이 나옵니까, 떡이 나옵니까? 이 환경이 개선되지 않는다면 토론이나 공부는 먼 나라 이야기일 뿐입니다."

회의장이 술렁거렸다. 사실이 그랬다. 생존 문제가 해결이 안 되는 상황에서 한가로이 공부하고 토론한다는 것은 불가능에 가까웠다.

흐트러진 분위기를 다잡으려는 듯 상상상협회장이 큰 소리로 외쳤다.

"토론하고 공부하는 모임에도 임금을 지급하게 합시다! 고대에는 공동체를 위해 토론하는 사람들을 공동체가 먹여 살렸습니다!"

이 말이 떨어지는 순간, 참석자들의 머릿속에 섬광처럼 번쩍이는 것이 있었다. 협회장이 설명을 이어갔다.

"그렇습니다. 동물들은 생산활동만큼이나 토론활동에도 임금을 받아야 합니다. 그리스 시대에 아고라 광장에 나와 토론하는 동물들을 우대했던 역사가 있습니다. 동물지능 로봇이 생산한 재화를 토론하는 동물들에게 임금으로 지급한다면 불가능하지도 않습니다."

중요한 대안들이 나오고 있었다. 그런데 갑자기 양이 어두운 표정으로 말했다.

"토론만 하면 뭐하나요? 실천방법도 말해줘야 해요."

협회장이 머리를 끄떡거렸다. 그리고 말했다.

"사실 학습동아리는 동물다움의 권리를 자각하고 권리를 실현하는 조건에 대해 토론하는 광장입니다. 그렇습니다. 양의 말처럼 권리와 조건을 자각하는 것만으로는 부족합니다. 실천이 있어야 합니다. 실천은 자각한 동물들이 힘을 갖는 것입니다. 힘은 토론의 과정에서 얻어집니다. 학습과정에서 함께 토론하는 동료들을 이미 얻지 않았습니까? 이 동료들과 자기 공간에서 자기다운 실천방법을 모색하고 실천해야 합니다."

그렇다. 노동조합의 학습모임은 노동권을 학습하고, 그 권리 확보를 위해 단체교섭과 파업을 시도할 수 있다. 또한 공장 밖으로 나와 다른 단체들과 연대도 모색해야 한다. 마을만들기를 시도하는 학습모임은 도서관에 모여 시민권을 자각하고 동물문해교육 프로그램을 짜고 아이들에게는 후배시민교육을, 나이 든 이에게는 선배시민교육을 할 수 있다. 모든 모임은 자기 공간을 커뮤니티센터로 만들고 이 곳에서

만난 동물들과 함께 자기다운 실천을 할 수 있다.

이때 그동안 침묵을 지키던 양이 침착하게 말했다.

"지금 분반토의를 해요. 우리다운 실천방법에 대해 논
의하고 헤어져요."

배가 고파진 돼지는 이 제안이 조금 꿀꿀하다고 생각했지만 다른 동물들은 군말 없이 따랐다. 분반 모임이 진행되는 동안 공통된 구호가 여기저기서 터져 나왔다.

　'이상이 일상이 되도록 상상하라!'
　'우리가 걸어가면 길이 됩니다!'

'동물 만민 공동회'는 새로운 역사의 시작을 알리고 있었다. 그리고 밤은 그렇게 깊어가고 있었다.

해설

1. 이 책에서 이야기를 풀어가는 관점

동물들은 열심히 일한다. 일을 하느라 생각할 시간을 갖지 못한다. 아무 생각 없이 일만 열심히 해서는 삶이 더 나아지지 않는다. 생산성이 높아져도 소수가 그것을 독점하기 때문이다.

처음에는 문제의 원인이 기계인 줄 알고 애꿎은 기계를 부순다. 하지만 곧 말할 자유와 정치 참여 권리를 갖지 못한 것이 원인임을 깨닫는다. 그래서 지배자들에게 '말할 권리'를 달라고 요구하면서 투쟁한 결과 '자유권', 즉 언론·출판·집회·결사·사상·표현 등의 자유를 얻는다. 그리고 공직에 나갈 수 있는 선거권과 피선거권을 얻는다. 하지만 일을 해야 하기 때문에 이 자유를 누릴 시간이 없다. 이 자유권에 따라 이야기를 했다가는 해고될 수도 있다. 자유권은 그림의 떡일 뿐이다. '정치권'도 마찬가지다. 정치에 참여하려면 뭘 알아야 하는데 공부할 여유가 없다. 결국 선거에서 거수기 역할을 한다. 투표를 하지만 대변자가 아닌 지배자를 뽑는다.

동물들은 새로운 자각을 하게 된다. 자유권과 정치권만으로는 동물들이 동물답게 살 수 없다는 것을! 더 나아가 보다 근본적인 문제, 즉 생존권이 해결되어야 한다는 것을 자각한다. 이것은 공장에서 일한 만큼 가질 수 있어야 가능하다. 그래서 생산물에 대한 재분배를 주장한다. 최소한의 삶이 가능하도록 공장 내에서의 노동조건 개선과 임금 인상을 요구한다. 이것이 노동권이다. 그리고 시민사회에서 소득·의료·교육·주택·고용 등을 기본적으로 보장받고자 한다. 이것은 '사회권'을 의미한다.

사회권은 지배계급이 자신의 몫을 양보해야 가능하다. 하지만 자신의 것을 순순히 내어 놓을 리가 만무하다. 재분배가 가능하기 위해서는 두 가지 조건이 필요하다. 첫째, 재분배의 정당성이다. 둘째, 그것을 가능하게 하는 힘, 즉 시민의 권력이 있어야 한다. 즉 권리와 권력이 생산물 재분배의 필수 요건이다.

정당성과 관련해서, 동물들은 새로운 생각을 한다. 한 명의 아이를 키우는 데 한 마을이 필요하듯 한 명의 부자가 만들어지려면 한 사회가 필요하다. 생산물은 한 사회가 생산한 것이므로 지배계급이 부당하게 많은 것을 가져서는 안 된다. 동물들은 이러한 재분배에 대해 배우고 스스로 학습하게 된다. 이런 자각은 동물들의 단결과 단체교섭으로 이어진다. 뜻대로 되지 않을 때 파업도 불사한다. 더 나아가 국가 수준의 소득분배를 주장하면서 시민운동은 물론 제도정치에 깊이 개입한다. 시민권력을 통해 자신들의 권리를 주장한다. 이처럼 권리를 관철하는 권력을 시민들이 획득할 때 동물다운 삶이 보장될 수 있다.

이 책은 동물들이 자신의 권리를 자각하고 이 권리를 관철하기 위해 권력을 갖게 되는 정치과정을 우화 형식으로 그린다. 역사를 권리와 권력의 관점에서 풀어낸 것이다.

2. 이야기 속의 마을과 등장 동물

다섯 마을로 이루어진 글로벌 빌리지

이 책은 자본주의로 변화된 사회에서 일어나는 동물들의 정치 이야기이다. 정치가 이루어지는 장소는 여러 마을이다. 이 책의 서문에 나오는 '휴먼 커뮤니티'(Human Community)는 전설 속에 존재하는 마을이다. 이 마을에서는 쥐와 사자, '포악한 사자'가 갈등하고 타협한다. 타협은 쥐들의 권리에 대한 자각과 단결을 통해 가능했다. 이 정치적 대타협은 '글로벌 빌리지'의 동물들에게 아주 오래 전부터 전해오는 이야기이다.

휴먼 커뮤니티가 전설 속의 마을이라면 울렌타운(Woolen Town), 베드타운(Bed Town), 이매진 빌리지(Imagine Village), 피노키오랜드(Pinocchio Land), 마우스랜드(Mouse Land) 등은 동물들의 삶과 정치가 이루어지는 실제 마을이다.

울렌타운은 봉건주의에서 자본주의로 전환하는 과정에서 일어난 사건을 보여 준다. 상징적인 사건은 인클로저 운동이다. 모직산업이 활성화되자 지주계급이 양털을 얻기 위해 농민을 내쫓고 양을 키운다. 그리고 봉건제 사회는 사적 소유에 기반한 자본주의로 전환된다. 이런 점에서 인클로저 운동은 자본주의를 촉진시키는 중요한 사건이다.

한편, 베드타운과 피노키오랜드는 산업화 초기의 마을을 상징한다. 베드타운에는 울렌타운에서 일어난 인클로저 운동으로 인해 쫓겨난 동물들이 산다. 이들은 먹고살기 위해 힘든 노동을 한다. 취업하려면 권력(공장주)의 요구에 따라야 한다. 그래서 자본가의 침대에 자신의 몸을 맞추려고 노력한다.

피노키오랜드는 산업화시대의 빈민들이 사는 마을이다.

이 마을에서는 소설 『피노키오』에 나오는 피노키오와 그를 만든 빈곤 독거노인 '재팻또'가 살고 있다. 이 마을의 주민들은 기술을 배워 취업하려고 한다. 하지만 쉽지 않다.

마우스랜드는 자본주의의 정치를 보여준다. 민중들은 자신들을 대변하는 대표를 뽑는 것이 아니라 늘 고양이나 호랑이 같은 지배자를 선출한다. 이들이 자신들을 대변해 줄 것이라고 착각하면서. 하지만 착각은 늘 반복해서 나타난다.

숲은 모의, 반란, 혁명의 장소이다. 주로 서쪽 숲에서는 민중들이 모인다. 여기에는 띠쥐 부부라는 이론가이자 활동가가 산다. 동물들은 이들을 멘토로 모시고 토론하고 상상하고 결단한다. 동쪽 숲은 자본가의 진지이다. 쫓겨난 호랑이와 사자가 모여 하이에나라는 이론가의 코치를 받으면서 자신들의 권력을 확보하려고 모의를 하는 곳이다.

이 이야기의 중심은 '글로벌 빌리지' 중심부에 위치한 '이매진 빌리지'이다. 이곳에서 동물들의 갈등과 전쟁, 타협의 정치가 이루어진다. 실제 역사로 보자면, 프랑스 대혁명뿐만

주민	주거주지	역할	실제 인물
신사	글로벌 빌리지	자본	
여우	이매진 빌리지	자본가	
불내여(여우)	이매진 빌리지	정치가	영국의 수상 토니 블레어
호랑이	동쪽 숲		대처, 레이건, 트럼프
사자	휴먼 커뮤니티		
포악한 사자	동쪽 숲, 휴먼 커뮤니티		독재자
카멜레온	불분명		영국의 수상 캐머런
띠쥐 부부	서쪽 숲 / 마우스랜드	이론가	웹 부부 (베아트리체 웹, 시드니 웹)
비버	불분명		영국 경제학자, W. H. 비버리지
하이에나	불분명		프리드리히 하이예크
닭, 돼지, 양, 소	울렌타운, 베드타운	시민	노동자, 농민
두더지	이매진 빌리지		탄광노동자
쥐	마우스랜드		노동자
피노키오, 재팻또	피노키오랜드		빈곤층, 노동자

아니라 복지국가에 대한 전후 합의의 정치가 이루어지는 무대이다. 이곳에서 동물들은 노동권과 사회권을 권리로 자각하고, 비버의 설계도면에 대해 토론하고, 이것을 관철하기 위한 정치를 전개한다.

각자 따로 존재했던 마을들은 점차 연결되어 지구촌(global village)으로 변모된다. 결국 동물들이 모여 만민공동회를 개최한다. 그리고 여기에서 새로운 시대를 살아가기 위한 동물들의 권리를 하나하나 점검하기에 이른다.

등장 동물들의 성격

이 우화에는 많은 동물들이 등장하는데, 자신이 속한 직업이나 위치에 따라 독특한 성격을 갖고 있다.

신사

겉은 신사의 모습을 하고 자선을 행하지만, 그는 늘 이윤에만 관심이 있다. 모든 마을에 나타나서 은밀하게 정치가와 자본가를 움직인다.

여우와 불내여

여우는 신사를 추종하고 그의 지시를 받는다. 재산을 불리는 데 늘 관심을 갖고 교활한 모습을 띤다. 하지만 위기가 되면 민중의 눈치를 살핀다. 정치인으로 변신한 이가 불내여이다. 그는 본질적으로 자본가 편을 든다.

정치가들

정치가들은 기본적으로 자본과 자본가의 편을 든다. 호랑이는 이매진 빌리지에서는 절대군주이고, 마우스랜드에서는 미국 대통령 트럼프를 비유한 것이다. 사자는 기본적으로 맹수지만 동물들과 타협할 줄 안다. 전설 속에서 사자는 쥐와 타협하여 공동체를 꾸렸다. 포악한 사자는 타협이 없는 난폭한 정치가, 즉 독재자나 전체주의자이다. 카멜레온은 마치 민중을 위한 것처럼 이야기하지만 실제는 자본을 위하는 존재이다. 이중적이고 교활하다. 신자유주의를 지지하는 영국의 수상 데이비드 캐머런을 패러디했다.

이론가들

띠쥐 부부는 똑똑하고 활동적이고 토론을 즐기면서 선동적이다. 민중들에게 새로운 상상을 제공하고 그들의 후견인 역할을 한다. 싱크탱크인 상상상협회장을 맡아 조직을 이끈다. 역사적으로 보편적 복지국가를 제시한 웹 부부(베아트리체 웹, 시드니 웹)를 의미한다.

비버는 공공의 이익을 위해 댐을 쌓듯이 공공정책을 제시한다. 복지국가의 정책의 틀을 만들었다. 묵직하고 학자풍이다. 띠쥐 부부의 제자이다. 한편, 하이에나는 영민하고 교활하며 자본가를 위한 이론을 만든다. '탓탓론'을 통해 띠쥐 부부와 비버의 이론에 맞선다.

시민들

닭은 머리가 나쁘지만 천천히 깨달아 간다. 돼지는 늘 배고프고 단순하다. 그래도 항상 듬직한 민중들의 상징이다. 양은 온순하지만 털을 깎이게 되면서 점차 전투적으로 변화한다. 두더지는 우직하게 일한다. 포악한 사자와 호랑이, 그리고 여우에게도 우직하게 맞서 싸운다. 민중들의 중심적인 역할을 한다.

쥐는 현명하고 지적인 지도자인 띠쥐 부부를 몰라보고 몰아낼 정도로 자본의 편을 드는 우매한 대중이다. 잠시 띠쥐 부부의 말을 듣고 민주정부를 수립하지만 곧 호랑이를 선택할 정도로 현명하지 못하다.

소는 베드타운에 산다. 성실하다. 호랑이가 나타나 통치하게 되자 호랑이의 기준, 즉 침대에 자신을 철저하게 맞추어 간다. 이 과정에서 저항능력을 상실하고 우매한 민중이 된다.

피노키오는 자유분방하다. 하지만 빈곤한 재팻또의 아들로서 살 것을 강요받으면서 결국 노동자의 길을 택해 사람이 된다. 하지만 늘 우울하다. 순응하고 착취당하는 전형적인 노동자이다. 재팻또는 폭력적이다. 이것은 빈곤 때문에 생겨난 것이다. 생존의 현실 속에서 돈밖에 모르는 인간이 된다. 피노키오를 흥신소에 팔아넘긴다.

등장 동물들의 관계

자본주의는 자본이 중심이 되는 사회이다. 자본은 보통의 '돈'과는 다르다. 돈은 먹고 마시는 데 쓰듯 소비하는 것이지만, 자본은 가치를 증식시키는 돈이다. 즉 자본은 건물이나 땅, 주식, 기계 등을 사는 데 쓰이는 돈을 말한다. 자본가는 자본을 가진 존재이다. 그러므로 자본과 사람은 구분된다. 자본이 사람보다 우위에 있다. 사람 중에 자본을 가진 자가 자본가인데, 그 자본가도 자본을 잃으면 보통 사람이 되고 만다. 한편, 노동자는 자본이 없는 사람이고, 돈을 벌기 위해 노동력이라는 상품을 팔려는 존재다. 그래서 자본가에게 고용되어야 돈을 벌 수 있다.

인물들 중에 가장 높은 지위에 있는 존재가 신사이다. 그는 '자본'을 상징한다. 자본주의에서 자본이 가장 힘이 세기 때문에 중세 때 이미 신의 자리에 앉은 것이다. 그는 자본주의 시대에는 물신(物神)이 된다.

자본
신사

자본가의 이론가
하이에나

자본가
여우

정치가
호랑이, 사자,
포악한 사자,
불내여

노동자의 이론가
띠쥐 부부, 비버

노동자
닭, 돼지, 양, 두더지, 쥐, 소,
피노키오, 재팻또

177

2. 이야기 속의 마을과 등장 동물

자본 바로 아래에는 자본을 소유한 자본가가 있다. 여우가 대표적이다. 하이에나는 자본가를 위해 이론을 제공하는 존재다. 정치를 하려면 많은 자본이 필요하게 되는 정치가는 자본의 편을 든다. 따라서 자본가 아래에 있는 계급이 정치가이다. 사자, 포악한 사자, 호랑이, 불내여 등이 여기에 속한다. 불내여는 자본가인 여우들 중에 정치가로 변신한 경우다. 시민들은 정치가와 자본가의 밑에 위치한다. 두더지, 소, 쥐, 양, 피노키오 등은 전형적인 시민 혹은 민중이다. 비버와 띠쥐 부부는 이들 민중에게 이론적 기반을 제공하는 존재들이다.

3. 우화 속 사건과 실제 역사적 사건

범주	장	우화	실제 역사적 사건과 내용
현실	1	양의 비애	인클로저 운동
	2	이상한 침대	노동자들의 상태
	3	어리석은 설렘	프랑스 대혁명
	4	슬픈 행복	불평등의 정당화
	5	두더지의 단결	차티즘, 러다이트 운동, 공장법
	6	신사의 간교함	자본주의의 자선
타협	7	띠쥐 부부의 담대한 제안	페이비언 연대
	8	비버의 설계도면	전후 합의
	9	하이에나의 탓탓론	신자유주의
	10	불내여와 카멜레온의 제3의 길	제3의 길+big society
상상	11	거대한 후퇴	트럼프의 등장 등 민주주의의 후퇴
	12	세계동물의 권리선언	권리선언
	13	근본을 뒤집는 질문	권리의 가능조건
	14	만국의 동물이여 단결하라	권력과 권리

4. 각 장별 해설

[서문] 지혜로운 판단

역사적 사건

서문의 우화는 인클로저 운동으로 인한 자본주의의 등장과, 이후에 전개된 복지국가 정치의 역사를 염두에 두고 쓴 것이다. 복지국가는 계급 갈등과 타협의 역사이다. 자본주의 초기에 부르주아지는 큰 부를 축적하지만 시민들은 탄광·공장·농장에서 혹사당했다.

어린이도 착취의 대상이었다. 시민들은 이것이 정의롭지 못하다는 것을 자각하게 되었고, 이 상황을 벗어나기 위해 단결했다. 기나긴 투쟁의 결과 복지국가가 만들어졌다. 이처럼 복지국가는 권리를 자각한 시민들이 권력을 쟁취한 후에, 자본가와 자본가 후견인인 정치가와 갈등과 타협 과정을 거쳐 만들어낸 결과물이다.

우화의 의미

사자는 자본가이자 정치가를 은유적으로 표현한 것이다. '포악한 사자'는 파시즘 혹은 독재자이거나 과도하게 민중들을 착취하는 자본가이다. '평화로운 마을'은 중세 봉건제를 의미한다. '포악한 사자'의 등장은 자본주의의 등장이며, '포악'은 노동착취를 의미한다. 착취 때문에 발생한 시민의 빈곤은 수요의 감소를 초래했고 결국 대공황으로 귀결된다. 따라서 사자들조차 살기가 힘들어진다.

자본가와 정치가는 쥐, 즉 시민계급과 타협을 원하지만 시민계급은 자신의 권리를 확실하게 보장할 사회적 조건을 요구한다. '누구도 권력을 독점해서는 안 된다. 모든 결정은 합의에 따른다'는 구절은 권력분점을 의미한다. '땅은 모두의 것이다'는 소득분배뿐만 아니라 생산수단에 대한 공유를 표현한 것이다. 이 요구가 관철되어 복지국가가 만들어진다.

이 우화 속의 쥐불놀이와 쥐포 이야기는 만들어 낸 유머이다. 실제 쥐불놀이는 정월에 주로 하는 민속놀이이다. 그리고 쥐포의 원재료는 쥐가 아니라 바닷물고기인 쥐치이다.

오즈에서 쥐가 사자를 구한 이야기는 라이먼 프랭크 바움이 쓴 『오즈의 마법사』에서 가져온 것이다. 이 소설에서 양귀비 향기에 취해 쓰러진 사자를 쥐들이 합심해서 구해 주는 장면이 나온다.

[제1장] 양의 비애

역사적 사건

자본주의는 봉건제와 완전히 다른 원리를 갖고 있다. 봉건제의 모든 땅은 원리상 하느님 것이었다. 그래서 영주도 하느님의 땅을 점유하고 있었을 뿐 소유한 것은 아니었다. 하지만 자본주의는 다르다. 사적 소유를 기반으로 하는 사회이기 때문이다. 이런 점에서 엄밀히 말하면 사적 소유라는 개념은 자본주의가 발생하면서 생긴 것이다.

생산과 소유도 다르다. 봉건제는 자급자족의 경제이다. 따라서 자기가 만들어서 자기가 소비하는 형태였다. 자본주의는 물건을 팔려고 만든다. 즉 상품판매를 통해 소득을 얻는다. 인클로저 운동으로 자본주의의 원리는 전 유럽으로 확산되고 부르주아지는 새로운 세상의 경제적인 주체가 된다.

인클로저 운동은 자본주의가 등장하고 모직산업이 발전하면서 생겨난 현상이다. 모직의 원료인 양털의 수요가 급증

하자 양을 방목하기 위해 지주들이 농사를 짓고 있던 농민들을 강제로 몰아낸다. 쫓겨난 농민들은 부르주아지가 사는 도시로 갔지만 마땅히 살아갈 방법이 없다. 그래서 도둑, 부랑자, 강도가 된다. 이 현상을 토머스 모어는 『유토피아』라는 책을 써서 고발한다. 여기서 등장한 상징적인 말이 '양이 사람을 잡아먹었다'이다.

봉건제는 영주가 농민들에게 땅을 나눠주고 위기 시에 가부장적 아버지로서 농민들을 보호했다. 하지만 자본주의는 자본가가 땅을 나눠주지 않을 뿐만 아니라 위기 시에는 공장에서 노동자를 해고한다. 따라서 중세의 농민은 자본주의로 접어들면서 신분으로부터는 자유로워졌지만 삶은 위험해졌다.

우화의 의미

올렌타운의 이름에 'wool'이 들어간 것은 모직 제조에 쓰이는 양털을 생산하는 마을이라는 의미이다. '이제부터 이 땅은 내 것이다'라는 언급은 사적 소유의 관념이 생겼다는 것을 의미한다. 또한 양과 닭, 돼지가 대립하는 것은 노동자들이 자기 살길을 찾기 위해 분열되었다는 것을 보여주고자 했다. '사자가 아니라 양이 우리를 잡아먹은 거야!'는 토머스 모어의 '양이 사람을 잡아먹었다'를 암시한다. 이 모든 일의 이면에는 자본주의의 등장이 있고, 그 자본주의의 주인공인 자본은 우화에서는 신사로 묘사된다.

[제2장] 이상한 침대

역사적 사건

베드타운 이야기는 인클로저 운동 이후 노동자가 된 사람들의 비참한 상태를 다룬다. 이 당시 아이들은 보통 세 살 때부터 노동을 했다. 탄광, 굴뚝청소, 방적회사에서 하루 15시간가량을 일했다. 특히 성냥공장에서는 아이들이 황린을 맡으면서 턱이 괴사하는 인괴사에 시달렸다. 당시 노동자들의 평균 수명은 18세 전후였을 정도이다. 그럼에도 불구하고 사람들은 공장에서 일을 해야만 먹고 살 수가 있었다.

우화의 의미

소들은 중세 봉건제 시대의 농민이었고 호랑이는 영주였다. 한편, 호랑이가 만난 여우는 자본가였다. 도시에서 자본주의가 발전하자 호랑이는 여우의 말을 듣고 농촌을 자본주의 도시로 바꾸려고 한다. 침대는 호랑이가 운영하는 공장을 상징한다. 공장이 건설되자 소들은 자신도 더 많이 벌어서 더 좋은 제품을 갖기 위해 공장에 취업하려 한다. 하지만 호랑이는 엄격한 잣대로 선별한다. 요즘 말로 스펙을 갖춰야 한다. 동물들은 여기에 맞추기가 쉽지 않다. 입사할 때 조건을 갖추었다 할지라도 곧 고용조건이 변하기 때문에 해고되기 십상이다. 소들이 자신의 기준을 내세우며 항의해 보지만 호랑이가 들어줄 리는 만무하다.

침대에 대한 비유는 그리스·로마 신화의 프로크로스테스 침대를 염두에 둔 것이다. 산적 프로크로스테스는 사람을 잡아다가 침대에 눕혀서 침대보다 키가 크면 다리를 잘라버리고, 작으면 늘려서 죽였다고 한다. 노동자들의 운명이 이와 같다. 공장의 기준에 맞춰야 취업이 되는데 맞추기가 쉽지 않다. 요행히 맞췄다 하더라고 오래 가지 못한다.

[제3장] 어리석은 설렘

역사적 사건

인클로저 운동으로 부르주아지는 경제적인 주체가 되었지만 여전히 봉건제의 사회모습 때문에 불편하다. 영주제로 이루어진 정치체제에서 부르주아지가 물건을 팔려고 할 때, 가는 곳마다 영주들이 세금을 걷었기 때문이다. 그래서 부르주아지는 군주에게 돈을 주었고, 이 돈으로 군주는 군대와 관

료제도를 만들어 봉건제를 해체한다. 하지만 군주는 절대군주가 되어 오히려 세금을 부르주아지에게 더 걷으려 했다. 결국 자본가들이 중심이 되어 프랑스 대혁명을 일으킨다. 자본가는 이 혁명을 통해 삼권분립 등의 새로운 정치체제와 정치에 참여할 권리인 자유권과 정치권을 획득한다. 이제 자본가들은 정치권력도 갖게 된 것이다.

한편, 노동자들은 프랑스 대혁명이 일어나자 적극적으로 참여한다. 당시 노동자들의 삶은 힘들었고, 혁명이 자신들의 처지를 개선해 줄 것이라는 설렘을 가지고 있었다. 하지만 프랑스 대혁명 이후 이들이 손에 쥔 것은 별로 없었다. 선거권은 재산에 비례해서 주어졌기 때문에 노동자들은 투표권을 가질 수 없었다. 당시 인구의 5%만이 투표권을 가졌다. 노동자들은 공장에서 중세의 농노만큼이나 비참하게 일을 해야 했다.

우화의 의미

여기에서 호랑이는 절대군주이고 여우는 자본가이다. 초기에 여우는 호랑이를 이용하지만, 나중에 죽일 음모를 꾸민다. 이것은 자본주의의 역사에서 부르주아지가 초기에 군주를 도와 봉건제를 무너뜨리는 것을 표현한 것이다. 하지만 절대군주가 자신들을 괴롭히자 결국 여우(자본가)는 두더지(민중)의 도움으로 호랑이(절대군주)를 죽인다. '왕이 죽었다'고 외칠 때, 그 왕은 프랑스 대혁명에서 루이 16세와 왕비 마리 앙트와네트를 은유적으로 표현한 것이다.

혁명의 상황에서 실질적으로 싸운 것은 두더지였다. '누구든지 기회의 평등을 준다'는 표현처럼, 혁명 이후 모두에게 시민권을 준 것처럼 보인다. 하지만 여우는 돈이 있는 자들에게만 시민권을 허용한다. '가격이 떨어졌다느니, 품질이 좋지 않다느니, 양이 부족하다느니 하면서 시민권을 주지 않았다'는 구절이 이런 상황을 은유적으로 표현한 것이다. 따라서 두더지는 아무것도 얻지 못한 채 여전히 땅만 깊게 판다.

다시 말해서 노동자들은 변함없이 힘든 노동에 시달리게
된다.

[제4장] 슬픈 행복

역사적 사건

　자본주의는 열심히 노력하면 부자가 될 수 있다고 말한다.
『피노키오』는 이런 이야기를 담고 있는 대표적인 소설이다.
우리는 카를로 콜로디의 소설『피노키오』가 착하게 살라는
교훈을 주는 아름다운 이야기로 생각한다. 하지만 이 소설
은 자본주의 등장과 산업혁명 시기에 노동자들이 더 열심히
일하도록 독려하는 책이다. 기술학교를 가서 열심히 일을 배
우라는 내용으로 가득하다. 특히 주인공 '피노키오'는 일을
해서 가족을 부양할 때 사람이 된다. 결국 이 소설은 산업화
시기 노동자들의 노동윤리와 가족윤리를 담은 '자본주의 규

율서'라고 할 수 있다.

우화의 의미

우화에서 피노키오는 '재팻또'가 만든 나무인형이다. 재팻또를 '재 또 사람을 팼대'의 준말이라고 언급했는데, 이것은 원전 『피노키오』에 나오는 '제페토'를 패러디한 것이다. 원전에서 제페토는 자신의 가정폭력으로 부인과 아이들이 도망친 빈곤 독거노인이다. 그래서 그는 나무인형을 만든다. 이 인형이 자신을 부양할 것이라고 생각해서 그 동네에서 가장 효자로 소문난 아이의 이름을 따서 '피노키오'라고 짓는다.

우화에서 피노키오에게 요정은 어떤 존재일까? 아이들에게 노동윤리와 가족윤리를 가르치는 역할을 담당한다. 따라서 원전 소설에서, 인간이 된다는 것은 이 윤리를 익혀 실천하는 존재를 의미한다. 우화에서 '내가 사람이 되었다'고 외치면서도 '왠지 찜찜하고 우울했다'고 표현한 이유는 노동자들의 당시 상황을 비판적으로 표현한 것이다.

원전에는 없는 이야기를 꾸며낸 부분이 있다. 피노키오가 굴뚝 청소와 탄광 일을 하는 부분, 그리고 흥신소 이야기이다. 소설『피노키오』의 본질을 더 잘 드러내기 위한 것이다. 흥신소 사장은 자본을 의미한다.

한편, 우화 속의 램프 심지는 원전『피노키오』에 나오는 등장인물로 피노키오의 친구이다. 그는 공부를 하지 않다가 당나귀가 되어 죽었다.

[제5장] 두더지의 단결

역사적 사건

여기에서는 자본주의 하에서 노동자들의 저항을 다룬다. 노동자들은 피노키오처럼 열심히 일했다. 하지만 자본가만 부유해졌다. 이런 상황에서 기계화가 진전되면서 노동자들의 일자리가 줄어들었다. 실직의 근본적인 문제를 기계로 보고 노동자들은 기계를 부순다. 이것이 러다이트 운동이다. 하지만 실상의 이면에는 자본가가 있었다. 그런데 더 큰 문제는 정부가 노동자 편이 아니라 자본가 편을 들고 있다는 점이다.

노동자들은 이제 선거권을 달라고 요구한다. 노동자들이 정치 참여를 선언한 것이다. 이것이 '차티즘 운동'이다. 이 운동은 대기업 남성노동자로부터 시작해서 여성까지 점차 선거권을 갖게 되어 성공을 거두게 된다. 다른 한편, 노동자들은 공장에서 노동조건을 개선하기 위해 노력했다. 공장법 제정 운동이었는데, 그 결과 아동노동 금지를 얻어냈다.

이상에서 보듯이 러다이트 운동, 차티즘 운동, 공장법 운동 등은 노동자들이 처우와 지위를 개선하기 위한 활동이었다. 하지만 이 운동은 근본적인 변화를 이끌어내는 데는 한계를 갖는 것이었다.

우화의 의미

우화에서 '느린 늙은 두더지들은 잡혀먹히기도 했다'는 표현은 산업재해로 사망했다는 것을 의미한다. '기계를 때려 부수자'는 선언은 러다이트 운동을 표현한 것이다. '정작 당황한 것은 기계가 아니라 여우였다'는 기계와 생산 결과물을 소유하는 것이 자본가라는 것을 보여 주고자 한 것이다.

'차티즘'은 차티즘을 패러디한 것이다. '어린 두더지를 보호하자'는 것은 공장법 운동이 아동노동 금지를 주장했다는 것을 보여 주고자 한 것이다. '하지만 그뿐이었다'고 마지막에 언급한 것은 공장법 운동의 한계를 지적한 것이다.

[제6장] 신사의 간교함

역사적 사건

자본주의 하에서 노동자들은 열심히 일해도 부자가 되기

어렵다. 저임금과 장시간 노동에 노출되어 있기 때문이다. 또한 실업이나 질병, 노령 등의 상황에 처할 때 사람들은 살기 힘들다. 이처럼 노력해도 자본주의의 구조나 자본과 노동의 권력관계 때문에 빈곤을 극복하기가 쉽지 않다.

초기 자본주의에서 사람들은 노동자들의 빈곤이 노력의 부족이나 의존성 때문이라고 보았다. 개인 탓으로 본 것이다. 이런 관점에서 정부는 가난한 사람에게 도움을 주긴 주되 최소한으로 도와줘야 한다고 생각했다. 그래서 만든 법이 '빈민법'(Poor Law)이다. 빈민법은 그 동안 한국 학계에서는 '구빈법'으로 번역, 통용되고 있으나 이 책에서는 '빈민을 구한다'는 의미의 구빈법이 아니고 중립적인 의미의 '빈민법'으로 번역했다.

빈민법은 빈민을 엄격하게 선별하여 최소한으로 원조를 해줘야 한다는 태도를 취한다. 이때 이 원조를 받는 자들을 일반인들과 달리 열등하게 대우하라는 '열등처우의 원칙'을 담고 있다. 이것을 선별주의 복지 혹은 잔여주의 복지라고 한다.

정부는 법적으로 최소한의 도움을 주는 한편, 다른 한편으로 개인의 자선을 강조한다. 시민이 자발적으로 시민을 도와야 한다는 것이다. 역사적으로 자선조직협회(COS, Charity Organization Society)는 우애방문단(friendly visitor)를 파견하여 자선을 행했다. 자선은 자본가의 이미지를 좋게 만들 수 있을 뿐만 아니라 자선으로 세금감면을 받을 수 있다. 특히 노동자들의 저항을 무마할 수 있다는 점에서 자본가들에게 결코 나쁘지 않는 제안이었다.

우화의 의미

자본을 상징하는 신사는 노동자(두더지)들이 자본주의를 비판하면서 저항하기 시작하자 이를 무마하기 위해 자선을 베푼다. 원래 이윤과 사업에만 관심이 있는 '비즈니스 프렌들리'(business friendly)였는데, 이들은 자신을 '프렌들리 비지터'(friendly visitor)로 모습을 달리하면서 시민들에게 다가선다.

그래서 이 우화에서는 자선을 '자기선방'으로 표현했다.

한편 정부 차원에서는 두빈법, 즉 '두더지를 위한 법'을 만들었는데, 이것은 구빈법을 비유적으로 표현하기 위해 만든 용어이다. 두빈법은 열등처우의 원칙을 담고 있는데, 이것은 실제 구빈법에 담겨 있는 내용이다.

[제7장] 띠쥐 부부의 담대한 제안

역사적 사건

사회복지는 잔여주의와 제도주의로 나뉜다. 잔여주의가 취약계층을 선별하여 이들에게만 최소한의 복지를 제공한다면, 제도주의는 국가가 모든 시민들에게 인간에게 가장 기초적인 위험, 즉 질병·무지·소득결핍·불결·나태 등을 의료·교육·소득보장·주택·고용 등을 통해 책임지려는 것이다. 잔여주의가 제도주의로 바뀌는 결정적인 계기는 인식의 변화였

4. 각 장별 해설

다. 우리가 살아가면서 만나는 위험이 개인이나 가족이 아니
라 사회나 국가의 책임이라는 생각의 변화!

생각의 변화를 만든 계기는 찰스 부스의 사회조사이다.
당시 런던 시민들을 조사해 본 결과 빈곤층이 30%가 넘었
고, 그 원인이 저임금·노령·장애 등 개인적인 요인보다는 사
회적 요인에 있었다. 찰스 부스의 조사에 참여했던 베아트리
체 웹은 나중에 이 경험에 기반하여 「소수파 보고서」를 작성
한다. 이 보고서는 찰스 부스의 조사보다 한 걸음 더 나아가
교육이나 의료 등을 국가가 책임져야 한다고 명시했다.

웹의 남편인 시드니 웹은 부인과 함께 사회복지뿐만 아니
라 협동조합, 노동조합 등에 대한 연구·저술 활동을 통해 영
국의 사회복지, 협동조합, 노동조합의 기틀을 만들었다. 더
나아가 이들은 비슷한 생각을 가진 사람들과 함께 페이비언
소사이어티를 만들었고, 노동당에 적극 참여했다. 특히 런던
정경대학을 만들어 정책 생산과 교육에 힘썼다. 웹 부부는
이 모든 것을 페이비언 소사이어티와 함께 했는데, 페이비언

소사이어티는 영국 진보 세력에게 이론을 제공했을 뿐만 아니라 실천의 원형을 보여주었다.

우화의 의미

띠쥐 부부는 웹 부부를 패러디한 것이다. 웹 부부는 실제 오전에는 토론했고 오후에는 실천을 했다. 두더지 대표단이 '왜 열심히 일하는데도 가난할까요?'라는 질문에 대해, 띠쥐 부부는 사회가 모두 생산에 참여하는 것이고, 생산량이 줄지도 않았다는 생각을 이끌어 내면서 가난이 사회적인 문제라고 지적한다. 특히 단결을 강조하며 '상상상협회' 창립을 이끄는데, 이 협회는 페이비언 소사이어티를 염두에 둔 것이다.

[제8장] 비버의 설계도면

역사적 사건

W. H. 비버리지는 베아트리체 웹이 「소수파 보고서」를 작성할 때 이 연구에 조사원으로 참여했다. 그리고 영국이 제2차 세계대전을 주도하던 시기에 전후 재건계획의 일환으로 정부의 연구프로젝트에 위원장으로 참여하여 보고서를 제출한다. 일명 「비버리지 보고서」이다. 이 보고서는 보편주의 복지국가의 계획을 담고 있다.

1942년도에 이 보고서가 나왔을 때 보수당의 리더 처칠은 부정적이었다. 하지만 노동당은 전후계획으로 이 보고서 채택을 결의했다. 전쟁이 끝나자마자 연립정부 수상 처칠은 전시내각인 연립정부를 해산하고 새로운 정부 구성을 위한 선거를 실시했다. 압도적으로 노동당이 승리하면서 노동당은 창당 이래 처음으로 단독집권을 했다. 영국의 시민들이 전쟁 중에 자신들이 안정적인 식량 배급을 받을 수 있었고,

귀족과 노동자가 전우가 되어 전투를 치르면서 서로 평등을 경험하였으므로 기존체제로 돌아가고 싶지 않았기 때문이다.

시민들이 변화하자 「비버리지 보고서」에 반대하던 보수당도 복지국가를 지지하는 쪽으로 방향을 변경했다. 따라서 보수당과 노동당이 비슷해졌고, 이것을 '전후 합의'로 명명했다. 보수당의 재무장관 버틀러와 노동당의 재무장관 가이츠켈의 계획안이 비슷해서 이것을 버츠켈리즘으로 표현했는데, 이것이야 말로 전후 합의를 상징적으로 보여 주는 것이다.

미국에서 대공황이 일어났을 때 루스벨트는 비버리지의 이론에 입각해 공공사업을 벌인다. 이때 테네시 강 개발을 추진하여 일자리를 창출, 공황을 극복한다. 동물 비버는 비버리지와 이름도 비슷하지만 댐을 쌓는 이미지도 비슷해서 이를 염두에 두고 패러디한 것이다.

우화의 의미

여우는 자본가이고 두더지 등은 노동자이다. 호랑이와 포악한 사자는 히틀러의 파시즘을 의미한다. 호랑이와 포악한 사자가 전쟁을 일으키자 여우와 두더지, 즉 자본가와 노동자가 단결하여 이들과 맞선다. 이는 제2차 세계대전을 표현한 것이다. 전쟁이 일어나자 자본가와 노동자는 공동의 적에 맞서기 위해 협력한다. 띠쥐 부부의 제자인 비버는 W. H. 비버리지를 의미한다.

[제9장] 하이에나의 탓탓론

역사적 사건

서유럽의 보편주의 복지국가는 1970년대부터 위기에 직면한다. 복지국가의 원동력인 성장에 문제가 생긴 것이다. 1973년과 1978년의 오일 쇼크는 복지국가 운영에 치명타였다. 불황기에는 물가가 하락해야 정상인데, 고유가로 인해 물가가 상승하는 소위 스태그플레이션 현상이 나타났다.

물가가 오르자 노동조합은 임금인상을 요구했고 정부가 들어주지 않자 파업으로 맞섰다. 보수당은 이 기회를 틈타 복지국가를 비판했다. 이때 이론을 제공한 이가 하이에크이다. 그는 『노예의 길』이라는 책을 통해 복지국가가 시민의 의존성을 강화했고, 이것이 경제문제의 근본원인이라고 비판했다. 즉 복지국가는 시민들을 노예로 만들고 있다고 주장했다.

　　하이에크의 이론을 들고 집권한 이가 영국의 대처 수상과 미국의 레이건 대통령이다. 대처는 개인과 가족 외에 사회는 없다면서, 실체가 없는 사회를 탓해서는 안 된다고 주장했다. 그리고 정부가 아닌 개인과 가족이 자신들을 책임져야 한다고 주장했다. 즉 그는 개인이나 가족 외에 대안이 없다는 TINA(There Is No Alternative)를 주장했다. 결국 대처의 집권으로 영국의 복지체제는 큰 변화에 직면한다. 그녀는 우선 모든 공기업과 공공주택을 시장에 내놓았다. 그러자 주식이나 공공주택을 구입한 중산층은 대처를 지지하기 시작했다. 대처는 한술 더 떠서 지방세도 재산이 아니라 사람 수에 비례해서 걷는 인두세를 도입했다.

우화의 의미

우화에서 신사가 데리고 온 이론가가 하이에나인데, 이것은 신자유주의 이론가 하이에크를 비유한 것이다. '동물의 길은 내 탓, 노예의 길은 남 탓'이라는 일명 '탓탓론'은 하이에크의 『노예의 길』을 패러디한 것이다. 이매진 빌리지의 가뭄은 경제위기를 의미하고, 생수는 석유를 비유적으로 표현한 것이다. 위기가 지속되자 여우가 복지국가를 이탈하는데, 이때 여우는 중산층을 의미한다.

[제10장] 불내여와 카멜레온의 제3의 길

역사적 사건

영국의 대처는 12년(1979~1990)을 집권했다. 대처 이후 보수당은 정권을 7년 더 갖고 있었다. 그 동안 노동당은 지쳐갔다. 결국 노동당내 우파인 젊은 토니 블레어를 당수로 내세웠다. 블레어는 대처를 존경했지만 그의 이론을 지지할 수는 없었다. 블레어는 사회학자 기든스의 이론적 도움을 받아 '제3의 길'을 내세웠다.

블레어는 제3의 길이 신자유주의와 사회민주주의의 사잇길이라고 주장했다. 즉 대처와 기존 복지국가의 중간에 위치한 길을 가겠다고 선언했다. 제3의 길은 기존 복지국가의 무분별한 복지제공을 금지하고, 꼭 필요한 곳에만 복지를 제공한다는 것이다.

그것이 무엇일까? 일을 한다고 했을 때 그 일을 배우는 데드는 비용을 정부가 부담하겠다는 것이다. 그래서 이것을 기

존의 welfare와 비교하여 workfare, 즉 일을 위한 복지이
다. 이 입장에 따르면, 정부의 복지를 받으려면 계속 일을 하
겠다는 의사를 가져야 하고 이를 늘 증명해야 한다.

토니 블레어는 집권 후 그동안 노동당의 상징인 당헌 4조
를 폐기한다. 이것은 사회주의를 표방하는 것으로서 생산수
단의 공적 소유를 담고 있다. 하지만 당헌 4조는 노동당의
일종의 상징으로 존재할 뿐이었다. 노동당은 영국의 진보주
의로서 사회주의가 아니라 복지국가를 지향하고 있었다. 그
럴지라도 이것을 폐지했다는 것은 노동당의 노선이 오른쪽
으로 크게 이동했다는 것을 의미한다. 한편, 블레어는 노동
조합의 힘을 약화시키는 조치를 취한다. 예를 들어 블록투표
를 폐지했는데, 블록투표는 100명의 조합원이 찬성 60, 반
대 40일 경우 노동조합위원장은 찬성 100으로 의견을 제시
할 수 있는 제도이다. 블록투표는 노동조합의 권한을 강화
하는 것이었는데, 이를 폐지한 것이다.

영화 〈나, 다니엘 브레이크〉는 블레어 정부하에서 얼마나

복지급여를 받기가 힘든지를 보여준다. 이 영화는 심장병에 걸렸지만 일을 해야 하는 것을 입증하다가 결국 사망한 노동자의 실제 사례를 영화화한 것이다. 브레이크는 마지막 진술에서 외친다. "나는 클라이언트나 소비자가 아니라 시민이다!"

토니 블레어가 대처처럼 장기집권(1997~2007)을 한 이후 노동당은 3년 더 집권을 하게 된다. 이제는 보수당이 위기의식을 느끼게 되었다. 보수당은 젊은 당수를 내세우는데, 그가 43세에 집권한 데이비드 캐머런이다. 그는 '제3의 길'에 대비되는 '큰 사회론'(big society)를 내세웠다. 이것은 사회를 크게 해서 시민들의 안정적인 삶을 보장해야 한다는 주장을 담고 있다. '마을 만들기'는 큰 사회론의 일환이다. 얼핏 보기에 진보적인 것처럼 보이지만, 큰 사회론은 국가에게 책임을 묻지말고 시장을 비판하지도 말며, 문제를 마을이 떠안으라는 것이다. 그는 이제 개인이나 가족을 넘어서서 마을이 책임지라는 주장을 세련되게 포장한 것이다.

우화의 의미

　여기에서 불내여는 영국의 수상 토니 블레어를, 카멜레온은 영국의 수상 데이비드 캐머런을 비유한 것이다. 신자유주의에서 살기 힘들어지자 동물들은 새로운 정치지도자인 불내여(노동당)와 카멜레온(보수당)을 선택하지만 삶은 나아지지 않는다. 그 결과 생긴 사건이 브레이크이다. 여기에서 브레이크는 영화 〈나, 다니엘 브레이크〉를 의미한다. 카멜레온이 내가 존경하는 이가 호랑이와 포악한 사자라는 것은 캐머런과 대처로 바꿔 읽으면 된다.

[제11장] 거대한 후퇴

역사적 사건

　캐나다의 무상의료보장제도를 만드는 데 결정적인 기여한 인물이 정치가 토미 더글러스다. 그는 의회연설에서 고양이 정부의 사례를 들어 은유적으로 왜 복지국가로 가는 것이 힘든지를 보여준다. 즉 쥐가 고양이 정부를 선택하기 때문이라면서 시민들의 자각을 촉구한다.

더글러스의 '마우스랜드' 비유는 트럼프의 등장에도 적용할 수 있다. 미국의 대통령인 트럼프는 부동산 재벌이다. 그는 부동산 투자로 집값을 올리고 카지노 사업을 통해 돈을 벌었음에도 불구하고 시민들은 그를 선택한다. 트럼프가 생활고의 원인으로 자본가 아닌 이민노동자 혹은 인종(흑인, 히스패닉, 아시안)을 지목했는데, 저소득층 백인 남성 노동자들이 이것에 열광했기 때문이다. 이런 현상은 미국뿐만 아니라 유럽에서도 보편적인 현상이 되고 있다는 점에서 오늘날 민주주의는 퇴보하는 현상이 광범위하게 나타나고 있다. 이에 대한 방안을 찾기 위해 지그문트 바우만 등 석학들은 『거대한 후퇴』라는 책을 출판하기도 했다.

우화의 의미

여기에서 '마우스랜드'는 토미 더글러스의 아이디어를 차용한 것이다. 다만, 고양이 정부 출현 이후는 필자가 만든 이야기로, 고양이 정부가 물러나고 카지노를 경영하는 호랑이가 등장하는데 이는 트럼프를 빗댄 것이다. 실제 트럼프는 카지노를 운영했다. 호랑이의 집권에 기여한 쥐는 백인 남성 저소득층 노동자를 표현한 것이다. 금리 인하와 주택 구매는 비우량 주택담보대출(서브 프라임 모기지)로 발생한 2008년 금융 위기를 표현한 것이다.

트럼프 대통령의 당선은 백인 남성 저소득층의 지지에 크게 힘입었는데, 이때 그의 정책은 이주노동자와 인종, 여성에 대한 공격에 기반하고 있다. 우화에서는 쥐와 호랑이의 기묘한 결합을 통해 이를 은유적으로 표현하고자 했다.

[제12~14장] 세동연의 이상이 일상이 되는 상상

역사적 사건

12~14장은 특별한 사건을 염두에 두고 서술된 것은 아니다. 신자유주의 시대에 불평등과 양극화가 진행된 상태에서 어떻게 할 것인가에 대한 방향성을 논의하는 토론형식이기 때문이다. 세계동물연대(세동연)은 상상상협회장의 주도 아래 '동물 만민 공동회'라는 토론회를 개최한다.

우화의 의미

[제12장]

12장의 제목 '세계 동물의 권리 선언'에서 보듯이 '인권선언'을 은유적으로 표현한 것이다. 프랑스 대혁명의 인권선언은 '자유권'을 담고 있다. 자유권은 말할 자유를 의미하는데, 정치 영역에서 '말할 자유'는 특히 '정치권'이라고 볼 수 있다. 그런데 말할 자유는 경제력과 사회적 신분이 뒷받침되어야 한다. 특히 정치권을 상징하는 투표권은 재산에 따라 부여되었다. 이런 점에서 당시 시민권은 재산을 가진 부르주아지들의 입장에서 공표된 것이다.

'법 앞의 평등'은 법을 잘 활용하는 부자에게 유리하고, 말할 자유는 말하더라도 직장에서 해고되지 않는 사람에게 유리하다. 따라서 세동연의 동물권 선언은 '법 앞'뿐만 아니라 언제나 평등하고, 이 평등을 가능하게 하는 조건을 담고 있어야 한다는 것을 명시했다. 이처럼 인권선언은 자유권을 사회권으로 보완할 때 시민들에게 의미가 있다.

12장의 이야기에 나오는 '글로벌 빌리지'는 세계화를 의미한다. '포효시대'는 1980년대 신자유주의 시대를 상징한다. 레이건과 대처라는 두 인물을 호랑이와 포악한 사자로 보고 '포효'라고 묘사했다.

[제13장]

13장의 제목이 '근본을 뒤집는 질문'이다. 인권의 조건인 사회권이 보장되려면 돈이 있어야 한다. 이 재원을 어떻게 구할까? 여유로부터 두더지로 소득이전을 해야 한다.

제4차 산업혁명으로 인공지능 로봇이 등장하여 더 이상 인간이 노동에 시달리지 않아도 된다. 하지만 그럼에도 불구하고 일반 시민들은 더 일해야 한다. 왜냐하면 인공지능 로봇의 생산성은 소수에게만 집중되기 때문이다.

보통 우리는 제4차 산업혁명 시대가 되면 인공지능 로봇을 이기거나 이들이 못하는 일을 찾아야 한다고 말한다. 하지만 이 책에서는 일자리를 찾으려 하기보다는 인공지능 로봇이 생산하는 더 많은 결과물에 대한 분배방법을 찾아야 한다는 근본적인 질문을 던진다. 이렇게 되면 이제 더 이상 정규직이 아니라 비정규직으로도 먹고 살만큼의 사회적 책임과 소득분배를 강화해야 하는 것이 아닌가. 기본소득제도는 이런 점에서 매력적인 대안이다. 하지만 동물들이 권력이 없으면 기본소득제도도 다른 사회보장을 낮추고 노동자들의 단결을 막는 수단으로 악용될 수가 있다. 따라서 분배의 칼

자루는 여우와 두더지가 공동으로 나눠 가져야 한다. 이런 점에서 우화에서는 분배의 조건인 권력분배를 제안한다.

[제14장]

권력분배는 어떻게 가능할까? 동물들의 자각에서 출발한다. 소득분배, 더 나아가 생산수단의 공동소유가 권리라는 것을 자각해야 한다. 그런 다음 이 자각이 현실이 되기 위해서는 권력을 가져야 한다는 것도 자각해야 한다.

서유럽은 시민들의 정치교육을 강화해 왔다. 북유럽은 이것을 '학습동아리 민주주의'로 규정했다. 일례로 스웨덴은 성인인구의 60% 가까이가 학습동아리에 참여한다. 토론은 자각의 과정이고, 토론하고 자극받은 시민은 그 자체로 조직된 힘을 의미한다.

이런 사례를 염두에 두고 동물들은 학습동아리를 만들려고 한다. 그런데 여기에 그쳐서는 안 된다. 학습동아리는 단순히 공부만 하는 게 아니라 공부한 것을 각자 자기 공간에서 펼치는 것이다. 예를 들어 환경 공부를 했다면 플라스틱 사용이나 정부의 환경정책에 대한 비판과 참여로 나가야 한다. 사회적 위험에 대해 공부했다면, 세월호와 살균제 가습기에 대한 사회적 책임을 강화하는 캠페인이나 정책으로 나갈 수 있다. 이처럼 학습동아리는 토론하는 동료들과 의미를 공유하고 의지를 만들어 국가·마을·법·제도에 개입하는 실천의 디딤돌이 되어야 한다.

5. 함께 읽어볼 만한 책

이 책의 기본도서는 필자가 쓴『사회복지발달사: 불평등의 괴물에 어떻게 맞설 것인가』(한국방송통신대 출판문화원, 2019)이다. 이 책은 본 우화집을 기반으로 한 강의록이다. 따라서 좀 더 자세한 설명을 원한다면『사회복지발달사』를 권한다.

본 우화집의 1장에서 4장까지는 역시 필자가 쓴『이기적인 착한 사람의 탄생』(학교도서관저널, 2018)에 기반한다. 자본가를 애덤 스미스의 통찰에 기대어 '이기적인 착한 사람'으로 묘사한 이 책은 소설, 영화, 명화를 바탕으로 자본주의의 등장을 설명하고 있다.

자본주의의 발달이나 본질을 이해하기 위해서는 휴버먼

의 책을 읽어볼 만하다. 교과서격인『자본주의 역사 바로알기』(책벌레, 2000)가 자본주의의 역사를 통시적으로 서술했다면,『휴버먼의 자본론』(어바웃어북, 2011)은 자본주의를 분석한 대중서이다.

인간의 권리에 관한 책으로는『사회권의 눈으로 인권』(유범상 외, 나남, 2019)으로 자유권의 관점을 전제하면서도 사회권의 눈으로 인권의 역사와 의미를 분석했다.『복지국가를 만든 사람들』(이창곤, 인간과 복지, 2015)은 복지국가의 등장과정에서 기여한 인물들을 묘사하고 있는 대중서라는 점에서 읽어볼 만하다.

이념에 대해 좀더 알고 싶다면, 마르크스의『공산당 선언』, 하이에크의『노예의 길』(자유기업원, 2018) 그리고 사회민주주의 입장을 담은 페이비언 소사이어티의『페이비언 사회주의』(조지 버나드 쇼 외, 아카넷, 2006)나 베아트리체 웹의『나의 도제시절』(한길사, 2008)를 읽어볼 것을 권한다.

오늘날 세계의 변화와 관련해서는 세계 석학들이 모여 함께 저술한 『거대한 후퇴』(지그문트 바우만 외, 살림, 2017)를 추천한다. 이 책은 신자유주의 세계화 이후 민주주의가 어떻게 후퇴하고 있는지를 묘사한다는 점에서 읽어볼 만하다.

6. 독자와 토론하는 벗들에게

독자에게

이 글은 정치우화다. 정치는 자신의 가치를 실현하기 위해 분배를 둘러싸고 벌이는 권력의 이야기이다. 우화는 동식물을 인격화하여 풀어내는 글쓰기 형식으로, 어렵고 복잡한 내용을 아주 쉽고 간명하게 표현할 수 있는 장르이다. 1945년 출간된 조지 오웰의 『동물농장』은 전형적인 정치우화이다. 동물농장에서 벌어지는 이야기는 소련의 정치, 즉 스탈린 독재를 비판한 것이다.

이 책은 정치우화의 형식을 빌려, 자본주의가 어떻게 탄생하게 되었고 오늘에 이르기까지 어떻게 변모해 왔는지 그 역사를 이해하기 쉽도록 풀어내고 있다. 자본 증식을 추구하는 자본가, 노동의 합당한 대가와 시민으로서의 정당한 권리를 얻으려는 시민, 그리고 이 둘 사이를 조정하는 정치가를 상징하는 동물들이 등장하여 흥미진진한 이야기를 펼친다.

필자는 정치학과 사회정책을 전공한 사회과학자이다. 그런데 동화작가도 아닌 필자가 왜 이 우화를 썼을까?

우리가 사는 세상은 자본주의이다. 자본주의의 원리에서 자유로운 사람은 거의 없다. 그런데 우리는 놀라우리만큼 이 자본주의를 잘 모른다. 어떻게 발생했고, 어떻게 전개되어 왔으며, 어떻게 우리에게 영향력을 미치고 있는지. 사회과학자로서 우리가 사는 이 세상을 가장 쉽게, 가장 본질적으로 설명하려는 과정에서 필자는 우화가 매우 좋은 형식이라는 것을 깨달았다. 그래서 '정치+우화'를 구상하게 되었다.

필자는 이 책이 자본주의를 누구나 보다 쉽게 이해하는 매개가 될 수 있기를 기대한다. 그리고 현 자본주의를 그대로 두고 이에 적응해야 하는지, 좀 더 인간다운 모습으로 수정해야 할지, 아니면 다른 세상을 꿈꿔야 하는지를, 더 나아가 수정 혹은 다른 세상을 꿈꾼다면 어떻게 해야 하는지를 토론하는 길잡이가 되었으면 한다.

이 책은 구조가 조금 색다르기 때문에 읽는 방법도 일반적인 책과는 다르다. 서문을 포함하여 총 15편의 우화와 이에 대한 해설을 담고 있는 이 책은 다음 세 가지의 방법으로 읽을 수 있다. 첫째, '우화에서 해설로, 책의 순서대로 읽는 방법이다. 둘째, 해설을 먼저 읽고 우화를 읽는 방법이 있다. 셋째, 각 장별로 우화와 해설을 이어서 읽는 방법도 있다.

또한 이 책은 초등학교 학생부터 읽을 수 있다. 매 장마다 정치우화를 읽고 뒤의 해설을 참조하여 지도 선생님이 아이들과 역사 이야기를 하는 것도 권장할 만하다. 특히 중·고등학생도 역사공부를 하는 데 도움이 될 것으로 기대한다.

이 책의 독자가 되기를 희망하는 사람들은 상대를 부러워하거나 상대 앞에 부끄러워하지 않는 세상을 꿈꾸는 시민들이다. 이 책을 매개로 해서 그런 세상이 어떻게 가능할지를 함께 토론해 보았으면 한다.

토론하는 벗들에게

이 책은 2017년 1학기 방송대 교과목인 '사회복지발달사'를 준비하면서 시작되었다. 방송대 TV의 공개방송의 과정에서 함께 해 준 사회복지학과 학생 및 방송대 학생들, 그리고 시민들에게 감사한다. 특히 이 과정에서 함께 해 준 유윤열 선생님과 맹봉학 배우님, 그리고 배재철 PD님과 이형화 조연출, 스태프에게도 감사의 뜻을 전한다.

이 모든 구상은 강의준비 과정과 강의에 대한 피드백에서 나왔다. 특히 자본주의에 대한 논의를 함께한 '마중물'의 벗들이 있다. 사단법인 마중물은 협동조합 마중물 문화광장을 만들어 현재 인천 소래포구에 문화복합공간인 '마중물 문화광장 샘'(마샘)을 운영 중이다. 이 책이 출간된다면 제일 먼저 내 지혜의 샘인 '마샘' 광장에서 '마중물' 식구와 방송대 식구들과 함께 출간 기념 잔치를 열고 싶다. 마지막으로 방송대출판문화원 김정규 선생님이 계시지 않았더라면 지금보다 더 못한 책이 나왔을 것이다. 감사드린다. 이 글의 상상을 구체적인 현실로 표현해 준 강미숙 일러스트레이터에게도 감사함을 전한다.

이 책에 간간히 '아재 개그'가 들어가 있다. 처음에 출판사에서 아재개그를 줄여 줄 수 없는지를 문의했다. 이에 대해 나는 단호했다. '내 삶이 아재 개그인데, 그것을 배척하라니! 이 책을 통해 아재 개그도 문학의 장르임을 보이리라!' 하지만 수긍할 수밖에 없었고 최종적으로 가능한 한 아재 개그를 줄였다.

방송대 사회복지학과 조교인 유미선, 이혜진, 박영 님에게도 감사한다. 그들은 내 글을 먼저 읽어 주고 늘 여론이 되어 주었다. 2018년, 학과를 만드는 데 함께해 주는 등 늘 든든한 나의 버팀목이다.

올해 중학생이 될 조카 지후는 이 원고를 단숨에 읽고 재미있다고 평을 해주어 내게 큰 용기를 주었다. 또한 아재 개그를 그다지 즐기지 않지만 그래도 싫은 내색을 하지 않은, 늘 날카로운 비평가가 되어 주는 김민하와 내 삶의 동료인 두 딸 석영과 영후에게도 감사를 전한다. 감사는 감을 사는 것인데! 오늘밤 감을 사가야 하겠다. 하하.

글쓴이의 말

책에 대하여

이 책의 주제는 자본주의입니다. 자본주의를 그대로 방치하면 불평등의 온상이 됩니다. 불평등에 맞서려면 어떻게 해야 할까요? 이것이 문제라고 말부터 해야 합니다. 불평등과 물신주의의 기원, 이를 둘러싼 정치와 그 역사에 대해서 이야기해야 합니다. 무관심하면 스멀스멀 우리의 삶으로 들어와 주인노릇을 하기 때문입니다.

자본주의 정치 이야기를 정치우화라는 형식에 담았는데, 정치우화가 시민들에게 친근하게 다가갈 수 있는 장르라고 생각했기 때문입니다. 내심 중고생이나 초등학생들에게도 읽혀지기를 바랍니다. 특히 책의 뒷면에 해설을 달아 부모와 아이가 토론할 수 있도록 했습니다. 이 책이 인간다운 세상이라는 이상이 현실이 되도록 상상하는 토론의 작은 매개가 되기를 기대합니다.

책 제목에 대하여

책 제목은 제가 늘 말해 왔던, "이상이 일상이 되도록 상상하라"(상상상)에서 비롯되었습니다. 이상이 일상이 되는 상상의 마을이 '이매진 빌리지'입니다. 이매진은 반전 운동의 아이콘 존 레넌이 불러 히트했던 「이매진」(Imagine)의 가사를 담은 상상의 마을이기도 합니다.

"소유함이 없다고 상상해 보세요. 당신이 그럴 수 있을지는 모르겠지만 탐욕스럽거나 굶주릴 필요는 없어요. 인류의 형제애만 있다면요. 상상해 봐요, 모든 사람들이 온 세상을 함께하는 걸요. 당신은 아마도 절더러 몽상가라고 하겠지만 저는 그런 단 한 사람이 아니에요. 당신도 언젠간 저희와 함께 하길 바랍니다. 그리고 세상은 하나가 되어 살 거예요."(「이매진」 가사 일부).